名师名校名校长

凝聚名师共识
回应名师关怀
打造名师品牌
培育名师群体

高中解析几何探索与分析

李广延　陈国宗／主编

辽宁大学出版社

·沈阳·

图书在版编目（CIP）数据

高中解析几何探索与分析/李广延，陈国宗主编
. --沈阳：辽宁大学出版社，2023.3
（名师名校名校长书系）
ISBN 978-7-5698-1106-3

Ⅰ.①高… Ⅱ.①李…②陈… Ⅲ.①解析几何课－
教学研究－高中 Ⅳ.①G633.652

中国国家版本馆 CIP 数据核字（2023）第 024119 号

高中解析几何探索与分析
GAOZHONG JIEXI JIHE TANSUO YU FENXI

出　版　者：辽宁大学出版社有限责任公司
　　　　　　（地址：沈阳市皇姑区崇山中路 66 号　　邮政编码：110036）
印　刷　者：沈阳海世达印务有限公司
发　行　者：辽宁大学出版社有限责任公司
幅面尺寸：170mm×240mm
印　　张：12.5
字　　数：210 千字
出版时间：2023 年 3 月第 1 版
印刷时间：2023 年 3 月第 1 次印刷
责任编辑：李珊珊
封面设计：徐澄玥
责任校对：郭宇涵

书　　号：ISBN 978-7-5698-1106-3
定　　价：58.00 元

联系电话：024-86864613
邮购热线：024-86830665
网　　址：http://press.lnu.edu.cn

编 委 会

解析几何是高中数学的重要内容，是高考考查的重点与难点内容，也是培养学生逻辑推理能力、运算求解能力、创新意识和实践能力的重要知识载体，是落实培育学生数学核心素养的知识沃土．解析几何的本质是通过建立坐标系，利用坐标表示点，方程表达线，再利用方程研究相应曲线的性质，其中圆锥曲线是解析几何的核心内容．通过对近几年高考真题的分析，发现高考主要围绕着圆锥曲线的概念、性质和直线与圆锥曲线的位置关系命题，聚焦圆锥曲线的定义与标准方程、轨迹问题、范围问题、定点定值问题等．通过对学生在解析几何高考真题时的答题情况以及日常学习感受的调查分析得出，学生普遍对解析几何存在畏难情绪，缺乏有效的解题思路，畏惧繁杂的数学运算，具体表现为对问题完全没有思路，有思路不会算，会算却算不完、算不对．另外，部分学生认为解析几何知识容量庞大，二级结论多，记不住，表明学生对知识的理解缺乏系统性与联系性．

基于对解析几何在高中数学、高考中的重要地位以及学生存在的问题的认识，确立了本书的编写初衷与编写意图，旨在通过本书的学习，让学生收获"三会"：

会想——掌握解析几何基础知识，理解解析几何研究问题的思想本质，掌握求解解析几何问题的一般思路与步骤；

会算——理解运算对象与运算程序，根据具体的运算对象与情形提炼出简化、优化运算的方法，让运算有法可依、有章可循；

会研——掌握解析几何问题中常考常用的性质结论，理解各结论之间的关系，感受知识结论的统一美、逻辑性与联系性．

因此,本书的编写顺序与教科书有所区别,对解析几何知识作了科学的整合与布局,并提出教学中把信息技术与解析几何教学融合的做法,具体分为基础知识篇、思想方法篇、运算技巧篇、性质结论篇共四章.本书的主要素材来源于全国各地高考真题、模拟试题;本书既适用于学生备考高考,也适用于教师备课参考.

本书突出的特点:

1. 注重基础,凸显素养

2. 构建知识,归纳方法

3. 精选例题,紧贴高考

4. 变式训练,提升技能

由于水平有限,不足和谬误之处在所难免,敬请读者提出宝贵的意见和建议,以便适时修正.

李广延　陈国宗

2022 年 8 月

目 录

CONTENTS

第一章

基础知识篇

知识结构

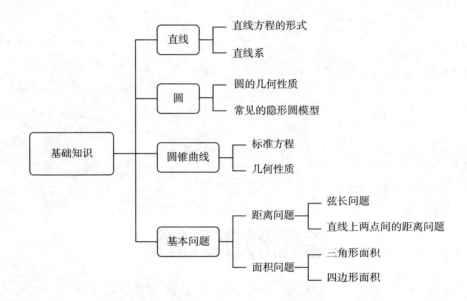

本章主要介绍了解析几何的基础知识与基本问题，一般说来，对于直线，能根据具体的情形恰当设出直线方程形式；对于圆，我们重点掌握圆的几何性质，以及一些常见的隐形圆模型，关于圆锥曲线，我们要熟练求解圆锥曲线的标准方程，重点突破离心率的求解方法；最后章末给出两个基本问题——距离与面积，意在初步锻炼同学们分析解决问题的能力，积累必要的知识与解题经验.

第一节 直线的方程形式及其应用

【知识概述】

直线的方程是解析几何的基础知识，该知识在高考中一般很少单独命题，普遍出现在直线与圆锥曲线的综合问题中；直线方程有多种形式，根据具体的问题设出适当的方程形式可以提高问题解决的效率．主要考查数学运算和直观想象数学核心素养．

【知识框架】

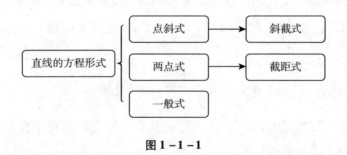

图 1 - 1 - 1

【例题分析】

例 1 在平面直角坐标系 xOy 内，经过点 P（2，3）的直线分别与 x 轴、y 轴的正半轴交于 A，B 两点，则 $\triangle OAB$ 面积的最小值为_____．

解析：方法一：易知经过点 P（2，3）的直线的斜率存在，设直线方程为 $y - 3 = k$（$x - 2$）．

则 $A\left(\dfrac{2k-3}{k},\ 0\right)$，$B\ (0,\ 3-2k)$，由 $\begin{cases}\dfrac{2k-3}{k}>0\\[2mm]3-2k>0\end{cases}$，解得 $k<0$.

$$S_{\triangle OAB}=\dfrac{1}{2}\dfrac{2k-3}{k}\ (3-2k)\ =\dfrac{1}{2}\left(12-4k-\dfrac{9}{k}\right)\geqslant12,$$

等号成立的条件为 $k=-\dfrac{3}{2}$.

方法二：由题意设直线方程为 $\dfrac{x}{a}+\dfrac{y}{b}=1$（$a>0$，$b>0$），$\therefore\dfrac{2}{a}+\dfrac{3}{b}=1$.

由基本不等式知 $\dfrac{2}{a}+\dfrac{3}{b}\geqslant2\sqrt{\dfrac{2}{a}\cdot\dfrac{3}{b}}$，

即 $ab\geqslant24$ 当且仅当 $\dfrac{2}{a}=\dfrac{3}{b}$，即 $a=4$，$b=6$ 时等号成立.

所以 $S=\dfrac{1}{2}a\cdot b\geqslant\dfrac{1}{2}\times24=12$.

解题反思

一般地，设直线的点斜式需合理说明直线斜率的存在性；如果问题与直线在坐标轴上的截距有关，则可以优先考虑利用直线截距式解决问题.

变式 1.1 已知直线 $(2a+1)x+ay-2=0$ 在两坐标轴上的截距相等，则实数 $a=$（　　）

A. $-\dfrac{1}{3}$　　　　　　B. 1　　　　　　C. $-\dfrac{1}{3}$ 或 -1　　　　D. -1

变式 1.2 已知直线 l 过点 $(2，3)$，且在 x 轴上的截距是在 y 轴上截距的两倍，则直线 l 的方程为_____.

变式 1.3 过点 $P(2，1)$ 作直线 l 分别交 x 轴、y 轴的正半轴于 A，B 两点，当 $|OA|\cdot|OB|$ 取最小值时，直线 l 的方程为_____；当 $|OA|+|OB|$ 取最小值时，直线 l 的方程为_____.

第二节　直线系方程及其应用

【知识概述】

直线系是指具有某一共同性质或共同特征的一系列直线，本节主要讲解的直线系包括平行直线系、垂直直线系、过定点直线系；利用直线系方程准确设出直线系方程形式可以简化问题的求解过程，提高解题效率，主要考查学生数学运算与直观想象数学核心素养.

【知识框架】

图 1 - 2 - 1

【例题分析】

例 1　（2015 广东理）平行于 $2x + y + 1 = 0$ 且与圆 $x^2 + y^2 = 5$ 相切的直线的方程是（　　）

 A. $2x + y + 5 = 0$ 或 $2x + y - 5 = 0$

 B. $2x + y + \sqrt{5} = 0$ 或 $2x + y - \sqrt{5} = 0$

C. $2x - y + 5 = 0$ 或 $2x - y - 5 = 0$

D. $2x - y + \sqrt{5} = 0$ 或 $2x - y - \sqrt{5} = 0$

解析：设与直线 $2x + y + 1 = 0$ 平行的直线方程为 $2x + y + C = 0$，

则 $\dfrac{|C|}{\sqrt{5}} = \sqrt{5}$，解得 $C = \pm 5$，直线方程为 $2x + y + 5 = 0$ 或 $2x + y - 5 = 0$，故选 A.

解题反思

（1）设 l_1：$A_1 x + B_1 y + C_1 = 0$，l_2：$A_2 x + B_2 y + C_2 = 0$，则 $l_1 // l_2 \Leftrightarrow A_1 B_2 - A_2 B_1 = 0$.

（2）与直线 l：$Ax + By + C = 0$ 平行的直线方程可设为 $Ax + By + C' = 0$（其中 $C \neq C'$）.

变式 1.1 若平面内两条平行线 l_1：$x + (a-1)y + 2 = 0$，l_2：$ax + 2y + 1 = 0$ 间的距离为 $\dfrac{3\sqrt{5}}{5}$，则实数 $a = $（   ）

A. -2 B. -2 或 1

C. -1 D. -1 或 2

变式 1.2 （多选）若直线 l_1 与 l：$3x - 4y - 20 = 0$ 平行且距离为 3，则直线 l_1 的方程为（   ）

A. $3x - 4y - 5 = 0$ B. $3x - 4y - 35 = 0$

C. $3x - 4y - 23 = 0$ D. $3x - 4y - 17 = 0$

变式 1.3 已知直线 l 与直线 l_1：$2x - y + 3 = 0$ 和 l_2：$2x - y - 1 = 0$ 的距离相等，则 l 的方程为_____.

例 2 （2014 福建文）已知直线 l 过圆 $x^2 + (y-3)^2 = 4$ 的圆心，且与直线 $x + y + 1 = 0$ 垂直，则 l 的方程是（   ）

A. $x + y - 2 = 0$ B. $x - y + 2 = 0$

C. $x + y - 3 = 0$ D. $x - y + 3 = 0$

解析：已知圆 $x^2 + (y-3)^2 = 4$ 的圆心为 $(0, 3)$，

设直线 l 的方程为 $x - y + C = 0$，则 $0 - 3 + C = 0$，解得 $C = 3$，

因此 l 的方程 $x-y+3=0$，故选 D.

解题反思

（1）设 l_1：$A_1x+B_1y+C_1=0$，l_2：$A_2x+B_2y+C_2=0$，则 $l_1\perp l_2\Leftrightarrow A_1A_2+B_1B_2=0$.

（2）与直线 l：$Ax+By+C=0$ 平行的直线方程可设为 $Bx-Ay+C'=0$.

变式 2.1 经过点 P（-2，1）且与直线 $2x-y+4=0$ 垂直的直线方程为 _____.

变式 2.2 （2011 浙江文）若直线 $x-2y+5=0$ 与直线 $2x+my-6=0$ 互相垂直，则实数 $m=$ _____.

例 3 （2014 四川理）设 $m\in\mathbf{R}$，过定点 A 的动直线 $x+my=0$ 和过定点 B 的动直线 $mx-y-m+3=0$ 交于点 P（x，y），则 $|PA|+|PB|$ 的取值范围是（ ）

A. $[\sqrt{5}，2\sqrt{5}]$ B. $[\sqrt{10}，2\sqrt{5}]$

C. $[\sqrt{10}，4\sqrt{5}]$ D. $[2\sqrt{5}，4\sqrt{5}]$

解析：已知直线 $x+my=0$ 过定点 A（0，0），直线 $mx-y-m+3=0$ 过定点 B（1，3）且 $1\times m+m\times(-1)=0$，

则 $PA\perp PB$，因此点 P 在以 AB 为直径的圆上运动，

故 $|PA|+|PB|=|AB|\cos\angle PAB+|AB|\sin\angle PAB=\sqrt{10}\cdot\sqrt{2}\sin\left(\angle PAB+\dfrac{\pi}{4}\right)\in[\sqrt{10}，2\sqrt{5}]$. 故选 B.

解题反思

（1）若直线方程中含有参量，且参量为 x 或 y 的系数，则注意考虑直线是否过定点；

（2）已知直线 l_1：$A_1x+B_1y+C_1=0$，l_2：$A_2x+B_2y+C_2=0$，设 l_1 与 l_2 相交于点 P（x_0，y_0），则直线 $A_1x+B_1y+C_1+\lambda(A_2x+B_2y+C_2)=0$ 恒过定点 P（x_0，y_0）；一般地，含参直线方程所过的定点本质上是两条定直线的交点.

变式 3.1 （2018 北京理 7）在平面直角坐标系中，记 d 为点 $P(\cos\theta,\sin\theta)$ 到

7

直线 $x-my-2=0$ 的距离. 当 θ, m 变化时, d 的最大值为（   ）

A. 1   B. 2   C. 3   D. 4

变式 3. 2 （2015 江苏文）在平面直角坐标系 xOy 中，以点（1，0）为圆心且与直线 $mx-y-2m-1=0$（$m\in\mathbf{R}$）相切的所有圆中，半径最大的圆的标准方程为_____.

变式 3. 3 当直线 l：$(2m+1)x+(m+1)y-7m-4=0$（$m\in\mathbf{R}$）被圆 C：$(x-1)^2+(y-2)^2=25$ 截得的弦长最短时，则 m 的值为_____.

例 4 如图 $1-2-2$，已知 $\triangle ABC$ 的顶点分别为 A（0，2），B（-1，0），C（3，0），定点 D（0，1），直线 BD，CD 分别与边 AC，AB 交于点 E，F，求直线 OE 与直线 OF 的方程.

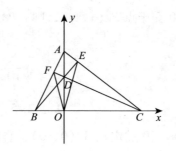

图 $1-2-2$

解：依题意得直线 AC 的方程为 $\dfrac{x}{3}+\dfrac{y}{2}=1$，直线 BD 的方程为 $-x+y=1$，

因为直线 BD 与 AC 交于点 E，则可设直线 OE 的方程为 $\dfrac{x}{3}+\dfrac{y}{2}-1+\lambda(x-y+1)=0$，

又直线 OE 经过原点 O，则 $-1+\lambda=0$，解得 $\lambda=1$，

因此直线 OE 方程为 $y=\dfrac{8}{3}x$.

同理可得直线 OF 的方程为 $y=-\dfrac{8}{3}x$.

解题反思

一般地，经过直线 l_1：$A_1x+B_1y+C_1=0$ 与 l_2：$A_2x+B_2y+C_2=0$ 交点的直

线方程可设为 $A_1x + B_1y + C_1 + \lambda(A_2x + B_2y + C_2) = 0$，我们称该方程为交点直线系方程，利用交点直线系方程可以快速设出直线方程形式，简化问题的求解.

变式 4.1 经过直线 $3x + 2y + 6 = 0$ 和 $2x + 5y - 7 = 0$ 的交点，且在两坐标轴上的截距相等的直线方程为_____.

变式 4.2 经过直线 $3x - 2y + 1 = 0$ 和直线 $x + 3y + 4 = 0$ 的交点，且平行于直线 $x - y + 4 = 0$ 的直线方程为_____.

变式 4.3 已知直线 $x + 2y - 6 = 0$ 和 $x - 2y + 2 = 0$ 的交点为 P，过点 P 且与直线 $x - 3y - 1 = 0$ 垂直的直线方程为_____.

第三节　圆中的最值问题

【知识概述】

圆中的最值问题是高考的重点内容，一般出现在选择题或填空题中，重点考查学生对圆的几何性质的理解，涉及数形结合与函数思想等思想方法，主要考查学生数学运算、逻辑推理与直观想象的数学核心素养．

【知识框架】

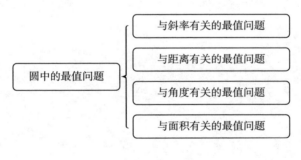

图 1 - 3 - 1

【例题分析】

例1　（2014 安徽文）过点 P（$-\sqrt{3}$，-1）的直线 l 与圆 $x^2 + y^2 = 1$ 有公共点，则直线 l 的倾斜角的取值范围是（　　）

A. $\left[0, \dfrac{\pi}{6}\right]$

B. $\left[0, \dfrac{\pi}{3}\right]$

C. $\left[0, \dfrac{\pi}{6}\right]$

D. $\left[0, \dfrac{\pi}{3}\right]$

解析：如图 $1-3-2$ 所示，易知当直线 l 的倾斜角取得最小值与最大值时分别对应切线 PA，PB 的倾斜角，且直线 PA 的倾斜角为 0，$\tan\angle OPA = \dfrac{\sqrt{3}}{3}$，

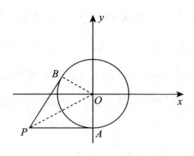

图 $1-3-2$

所以 $\angle OPA = \dfrac{\pi}{6}$，则直线 PB 的倾斜角为 $\dfrac{\pi}{3}$.

故选 D.

解题反思

圆上一点与圆外一点连线的倾斜角或者斜率一般在连线段与圆相切时取得最值；利用数形结合思想解题，并注意观察直线的转动区域，正确写出斜率的取值范围.

变式 1.1 已知实数 x，y 满足方程 $x^2 + y^2 - 4x + 1 = 0$，则：

（1）$\dfrac{y}{x}$ 的取值范围为_____；

（2）$\dfrac{2x - y}{2x + y}$ 的取值范围为_____.

变式 1.2 设 $\theta \in \mathbf{R}$，则 $\dfrac{\sin\theta - 1}{\cos\theta + 2}$ 的取值范围为_____.

例 2 （2014 北京文）已知圆 C：$(x-3)^2 + (y-4)^2 = 1$ 和两点 A（$-m$，0），B（m，0）（$m > 0$），若圆 C 上存在点 P，使得 $\angle APB = 90°$，则 m 的最大值为（　　）

A. 7　　　　　　　　B. 6　　　　　　　　C. 5　　　　　　　　D. 4

解析：已知圆 C 上存在点 P，使得 $\angle APB = 90°$，即以 O 为原点，m 为半径

的圆与圆 C: $(x-3)^2+(y-4)^2=1$ 有交点, 因此 $m \le |OC|+1=6$, 因此 m 的最大值为 6, 故选 B.

解题反思

一般地, 设 P 为半径为 r 的圆 C 外一点, M 为圆上一点, 则

$|PC|-r \le |PM| \le |PC|+r$.

变式 2.1 已知圆 C: $(x-3)^2+(y-4)^2=1$ 和两点 A $(-m, 0)$, B $(m, 0)$ $(m>0)$, 若圆 C 上存在点 P, 使得 $\angle APB=90°$, 则 m 的取值范围为 _____.

变式 2.2 (2013 重庆理) 已知圆 C_1: $(x-2)^2+(y-3)^2=1$, 圆 C_2: $(x-3)^2+(y-4)^2=9$, M, N 分别是圆 C_1, C_2 上的动点, P 为 x 轴上的动点, 则 $|PM|+|PN|$ 的最小值为 ( )

A. $5\sqrt{2}-4$ B. $\sqrt{17}-1$

C. $6-2\sqrt{2}$ D. $\sqrt{17}$

变式 2.3 [2015 湖南高考真题 (文)] 已知点 A, B, C 在圆 $x^2+y^2=1$ 上运动, 且 $AB \perp BC$, 若点 P 的坐标为 (2, 0), 则 $|\overrightarrow{PA}+\overrightarrow{PB}+\overrightarrow{PC}|$ 的最大值为 ( )

A. 6 B. 7 C. 8 D. 9

例 3 [2021 全国高三月考 (理)] 已知点 P 为直线 l: $y=x+1$ 上一点, 点 Q 为圆 C: $(x-1)^2+y^2=1$ 上一点, 则 $|PQ|$ 的最小值为 ( )

A. $\sqrt{2}-1$ B. $\sqrt{2}$

C. 1 D. $\frac{\sqrt{2}}{2}-1$

解析: 圆心 C (1, 0) 到直线 l: $x-y+1=0$ 的距离为 $d=\frac{|2|}{\sqrt{2}}=\sqrt{2}>1$,

所以 $|PQ|_{\min}=d-r=\sqrt{2}-1$, 故选 A.

解题反思

一般地, 若直线 l 与半径为 r 的圆相离, 则圆上一点 M 到直线的距离的取

值范围为 $[d-r,\ d+r]$，其中 d 为圆心到直线的距离．

变式 3.1　［2021 河南高一期中（文）］已知圆 $x^2+y^2-4x-4y-1=0$ 上的点到直线 $3x-4y-15=0$ 的距离的最大值是 a，最小值是 b，则 $a+b=($　　$)$

A. $\dfrac{34}{5}$　　　　B $\dfrac{33}{5}$　　　　C. $\dfrac{17}{5}$　　　　D. $\dfrac{22}{5}$

变式 3.2　（2020 厦门一中高二期中）设点 P 是函数 $y=-\sqrt{4-(x-1)^2}$ 的图像上的任意一点，点 Q $(2a,\ a-3)$　$(a\in\mathbf{R})$，则 $|PQ|$ 的最小值为

_____．

例 4　（2020 新课标 I 文）已知圆 $x^2+y^2-6x=0$，过点（1，2）的直线被该圆所截得的弦的长度的最小值为（　　）

A. 1　　　　　　B. 2　　　　　　C. 3　　　　　　D. 4

解析：如图 1-3-3，圆 $x^2+y^2-6x=0$ 可化为 $(x-3)^2+y^2=9$，所以圆心 C 的坐标为 C（3，0），半径为 3，设 P（1，2），当过点 P 的直线和直线 AB 垂直时，圆心到过点 P 的直线的距离最大，所求的弦长最短，根据弦长公式最小值为 $2\sqrt{R^2-|CP|^2}=2\sqrt{9-8}=2$. 故选 B.

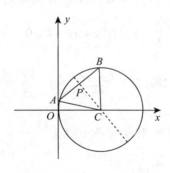

图 1-3-3

解题反思

过圆内一定点 P 的直线被圆 C 截得的弦中，当弦长取最大值时为定点与圆心的连线对应的直径；当弦长取最小值时为以定点 P 为垂足垂直 PC 的弦．

变式 4.1　若过点（1，1）的直线与圆 $x^2+y^2-6x-4y+4=0$ 相交于 A，B 两点，则 $|AB|$ 的最小值为_____．

变式 4.2 ［2021 南宁三中高三二模（理）］已知圆 $(x-1)^2+y^2=4$ 内一点 P（2，1），则过 P 点的最短弦所在的直线方程是（　　）

A. $x-y-1=0$　　　　　　　　　B. $x+y-3=0$

C. $x+y+3=0$　　　　　　　　　D. $x=2$

变式 4.3 ［2021 全国高三模拟（文）］已知圆 C：$x^2+y^2-4x-2y+1=0$ 及直线 l：$y=kx-k+2$（$k\in\mathbf{R}$），设直线 l 与圆 C 相交所得的最长弦长为 MN，最短弦长为 PQ，则四边形 $PMQN$ 的面积为（　　）

A. $4\sqrt{2}$　　　　B. $2\sqrt{2}$　　　　C. 8　　　　D. $8\sqrt{2}$

例 5　（2021 全国高考真题）已知点 P 在圆 $(x-5)^2+(y-5)^2=16$ 上，点 A（4，0），B（0，2），则（　　）

A. 点 P 到直线 AB 的距离小于 10

B. 点 P 到直线 AB 的距离大于 2

C. 当 $\angle PBA$ 最小时，$|PB|=3\sqrt{2}$

D. 当 $\angle PBA$ 最大时，$|PB|=3\sqrt{2}$

解析：圆 $(x-5)^2+(y-5)^2=16$ 的圆心为 M（5，5），半径为 4，

直线 AB 的方程为 $\dfrac{x}{4}+\dfrac{y}{2}=1$，即 $x+2y-4=0$，

圆心 M 到直线 AB 的距离为 $\dfrac{|5+2\times5-4|}{\sqrt{1^2+2^2}}=\dfrac{11}{\sqrt{5}}=\dfrac{11\sqrt{5}}{5}>4$，

所以，点 P 到直线 AB 的距离的最小值为 $\dfrac{11\sqrt{5}}{5}-4<2$，最大值为 $\dfrac{11\sqrt{5}}{5}+4$ <10，A 选项正确，B 选项错误；

如图 1-3-4 所示，当 $\angle PBA$ 最大或最小时，PB 与圆 M 相切，连接 MP，BM，可知 $PM\perp PB$，

$|BM|=\sqrt{(0-5)^2+(2-5)^2}=\sqrt{34}$，$|MP|=4$，由勾股定理可得 $|BP|=$ $\sqrt{|BM|^2-|MP|^2}=3\sqrt{2}$，C，D 选项正确.

故选 ACD.

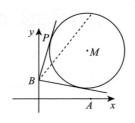

图 1 - 3 - 4

解题反思

一般地，设 P 为圆 C 外一点，M 为圆 C 上一动点，则当 PM 与圆 C 相切时，$\angle MPC$ 最大．

变式 5.1　已知圆 C：$x^2 + y^2 = 2$，直线 l：$x + 2y - 4 = 0$，点 P（x_0，y_0）在直线 l 上，若圆 C 上存在点 Q，使得 $\angle OPQ = 45°$（O 为原点），则 x_0 的取值范围为_____．

变式 5.2　（2014 新课标 2 文理）设点 M（x_0，1），若在圆 O：$x^2 + y^2 = 1$ 上存在点 N，使得 $\angle OMN = 45°$，则 x_0 的取值范围是（　　）

A. $[-1, 1]$

B. $\left[-\dfrac{1}{2}, \dfrac{1}{2}\right]$

C. $[-\sqrt{2}, \sqrt{2}]$

D. $\left[-\dfrac{\sqrt{2}}{2}, \dfrac{\sqrt{2}}{2}\right]$

例 6　（2018 高考全国 3 理 6）直线 $x + y + 2 = 0$ 分别与 x 轴、y 轴交于 A，B 两点，点 P 在圆 $(x - 2)^2 + y^2 = 2$ 上，则 $\triangle ABP$ 面积的取值范围是（　　）

A. $[2, 6]$

B. $[4, 8]$

C. $[\sqrt{2}, 3\sqrt{2}]$

D. $[2\sqrt{2}, 3\sqrt{2}]$

解析：∵ 直线 $x + y + 2 = 0$ 分别与 x 轴、y 轴交于 A，B 两点，

∴ A（-2，0），B（0，-2），则 $|AB| = 2\sqrt{2}$.

∵ 点 P 在圆 $(x - 2)^2 + y^2 = 2$ 上，∴ 圆心为（2，0），

则圆心到直线距离 $d = \dfrac{|2 + 0 + 2|}{\sqrt{2}} = 2\sqrt{2}$，故点 P 到直线 $x + y + 2 = 0$ 的距离

$d' = [\sqrt{2}, 3\sqrt{2}]$，

则 $S_{\triangle ABP} = \dfrac{1}{2}|AB|d' = \sqrt{2}d_2 \in [2, 6]$，故选 A.

变式 6.1 （2019 北京文 8）如图 1-3-5，A，B 是半径为 2 的圆周上的定点，P 为圆周上的动点，$\angle APB$ 是锐角，大小为 β. 图中阴影区域的面积的最大值为（　　）

A. $4\beta + 4\cos\beta$ 　　　　　　　　　B. $4\beta + 4\sin\beta$

C. $2\beta + 2\cos\beta$ 　　　　　　　　　D. $2\beta + 2\sin\beta$

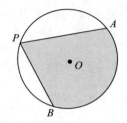

图 1-3-5

变式 6.2 （2020 全国 I 理 11 改编）已知 $\odot M$：$x^2 + y^2 - 2x - 2y - 2 = 0$，直线 l：$2x + y + 2 = 0$，P 为 l 上的动点，过点 P 作 $\odot M$ 的切线 PA，PB，切点为 A，B，则四边形 $PMAB$ 面积的最小值为_____.

第四节 常见的隐形圆模型

【知识概述】

圆是解析几何的基础知识，也是高考的一个热点问题．通常出现在高考的选择题或者填空题中，该类题的难点在于题目中并没有直接给出圆的信息，解题的关键是根据题目的条件发现隐形圆，主要考查学生直观想象、逻辑推理的数学素养．本节知识主要归纳一些常见的隐形圆模型．

【知识框架】

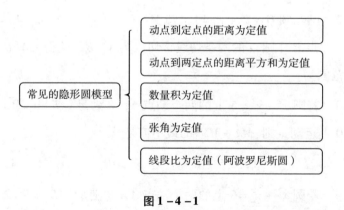

图 1 - 4 - 1

【例题分析】

例1 由动点 P 向圆 $x^2 + y^2 = 1$ 引两条切线 PA，PB，切点分别为 A，B，$\angle APB = 60°$，则动点 P 的轨迹方程为_____．

解析：如图 1 - 4 - 2 所示，设点 P 的坐标为（ x，y），

∵ $\angle APB = 60°$，∴ $\angle APO = 30°$，

则 $|PO| = 2OA = 2$，故动点 P 的轨迹方程为 $x^2 + y^2 = 4$.

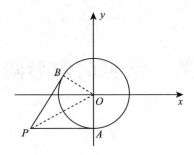

图 1 - 4 - 2

解题反思

观察动点在运动的过程中与某个定点距离的不变是发现隐形圆的关键.

变式 1.1 在平面直角坐标系 xOy 中，圆 C 的方程为 $(x-1)^2 + y^2 = 4$，P 为圆 C 上一点. 若存在一个定圆 M，过点 P 作圆 M 的两条切线 PA，PB，切点分别为 A，B，当 P 在圆 C 上运动时，使得 $\angle APB$ 恒为 $60°$，则圆 M 的方程为 _____.

变式 1.2 已知圆 O：$x^2 + y^2 = 1$，圆 M：$(x-a)^2 + (y-a+4)^2 = 1$. 若圆 M 上存在点 P，过点 P 作圆 O 的两条切线，切点为 A，B，使得 $\angle APB = 60°$，则实数 a 的取值范围为 _____.

变式 1.3 若圆 $x^2 + y^2 = 5$ 上的两个动点 A，B 满足 $|\overrightarrow{AB}| = \sqrt{15}$，点 M 在直线 $2x + y = 10$ 上运动，则 $|\overrightarrow{MA} + \overrightarrow{MB}|$ 的最小值是（　　）

A. $2\sqrt{5}$ 　　　　 B. $3\sqrt{5}$ 　　　　 C. $\sqrt{10}$ 　　　　 D. $2\sqrt{10}$

变式 1.4 若圆 $x^2 + y^2 = 6$ 上的两个动点 A，B 满足 $|\overrightarrow{AB}| = 2\sqrt{2}$，点 M 在圆 $x^2 + y^2 = 16$ 上运动，则 $|\overrightarrow{MA} + \overrightarrow{MB}|$ 的最小值是（　　）

A. 2 　　　　 B. 3 　　　　 C. 4 　　　　 D. 5

例 2 已知圆 C：$x^2 + y^2 - 4y + a = 0$ 及点 $A(-1, 0)$，$B(1, 2)$. 若在圆 C 上有且仅有一个点 P，使得 $|PA|^2 + |PB|^2 = 12$，则实数 a 的值为（　　）

A. 0 　　　　 B. 3 　　　　 C. 0 或 3 　　　　 D. -5 或 3

解析：设 P（x，y），由 $|PA|^2 + |PB|^2 = 12$ 得动点 P 的方程为圆 E：$x^2 + (y-1)^2 = 4$.

又圆 C：$x^2 + (y-2)^2 = 4 - a$，依题意知圆 E 与圆 C 相切，

故 $4 - a = 1$ 或 $4 - a = 9$，解得 $a = 3$ 或 $a = -5$.

解题反思

一般地，设两定点 A，B，则满足 $|PA|^2 + |PB|^2 = \lambda$（$\lambda > 0$）的动点 P 的轨迹为圆.

变式 2.1　在平面直角坐标系 xOy 中，已知圆 C：$(x+1)^2 + y^2 = 2$ 和点 A（2，0），若圆 C 上存在点 M，满足 $MA^2 + MO^2 \leqslant 10$，则点 M 的纵坐标的取值范围是_____.

变式 2.2　点 A（1，1）为圆 $x^2 + y^2 = 4$ 内一点，P，Q 为圆上的动点，且 $\angle PAQ = 90°$，则线段 PQ 中点的轨迹方程为_____.

变式 2.3　在平面直角坐标系 xOy 中，已知 B，C 为圆 $x^2 + y^2 = 4$ 上两点，点 A（1，1），且 $AB \perp AC$，则线段 BC 的长的取值范围为_____.

例 3　已知点 A（-1，0），B（1，0），若圆 $(x-2a+1)^2 + (y-2a-2)^2 = 1$ 上存在点 M 满足 $\overrightarrow{MA} \cdot \overrightarrow{MB} = 3$，则实数 a 的取值范围为_____.

解析：设点 M（x，y），则 $\overrightarrow{MA} = （-x-1$，$-y）$，$\overrightarrow{MB} = （-x+1$，$-y）$

又 $\overrightarrow{MA} \cdot \overrightarrow{MB} = 3$，则动点 M 的方程为 $x^2 + y^2 = 4$.

依题意圆 $(x-2a+1)^2 + (y-2a-2)^2 = 1$ 与圆 $x^2 + y^2 = 4$ 有公共点，

故 $1 \leqslant \sqrt{(2a-1)^2 + (2a+2)^2} \leqslant 3$，故实数 a 的取值范围为 $\left[-1, \dfrac{1}{2}\right]$.

解题反思

一般地，设两定点 A，B，则满足 $\overrightarrow{PA} \cdot \overrightarrow{PB} = \lambda$ 的动点 P 的轨迹为圆.

变式 3.1　（2020 全国Ⅲ文6）在平面内，A，B 是两个定点，C 是动点. 若 $\overrightarrow{AC} \cdot \overrightarrow{BC} = 1$，则点 C 的轨迹为（　　　）

A. 圆　　　　　　　B. 椭圆　　　　　　C. 抛物线　　　　　　D. 直线

变式 3.2　已知点 A（2，3）、点 B（6，-3），点 P 在直线 $3x - 4y + 3 = 0$ 上，若满足等式 $\overrightarrow{AP} \cdot \overrightarrow{BP} + 2\lambda = 0$ 的点 P 有两个，则实数 λ 的取值范围是

_____ .

变式 3.3 已知点 $A(-1, 0)$，$B(1, 0)$，若圆 $(x-a+1)^2+(y-a-2)^2=1$ 上存在点 M 满足 $\overrightarrow{MA} \cdot \overrightarrow{MB}=8$，则实数 a 的值不可以为（　　）

　A. -2　　　　　B. -1　　　　　C. 0　　　　　D. 3

例 4 （2017 广州二模）在平面四边形 $ABCD$ 中，连接对角线 BD，已知 $CD=9$，$BD=16$，$\angle BDC=90°$，$\sin A=\dfrac{4}{5}$，则对角线 AC 的最大值为 _____ .

解析：如图 1-4-3 所示，已知 $BD=16$，$\sin A=\dfrac{4}{5}$，则 $\triangle ABD$ 的外接圆半径 $2r=\dfrac{BD}{\sin A}$，因此点在半径 $r=10$ 的圆上运动．

又 $|OC|=\sqrt{|CE|^2+|OE|^2}=17$，

则 $|AC|_{\max}=|CO|+|OA|=27$．

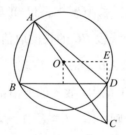

图 1-4-3

解题反思

一般地，设两定点 A，B，若动点 M 满足 $\angle AMB$ 为定值，则动点 M 的轨迹为圆（圆的一部分）．

变式 4.1 （2014 新课标全国卷 I）已知 a，b，c 分别为 $\triangle ABC$ 三个内角 A，B，C 的对边，$a=2$ 且 $(b+2)(\sin A-\sin B)=(c-b)\sin C$，则 $\triangle ABC$ 面积的最大值为 _____ .

变式 4.2 在 $\triangle ABC$ 中，角 A，B，C 所对的边分别为 a，b，c，已知 $\dfrac{a}{\sqrt{3}\cos A}=\dfrac{c}{\sin C}$ 且 $a=6$，则边 BC 上的中线长的最大值为 _____ .

例5 已知两定点 A（-2，0），B（1，0），如果动点 P 满足条件 $|PA|=2|PB|$，则点 P 的轨迹所包围的图形的面积等于_____．

解析：设动点 P（x，y），已知 $|PA|=2|PB|$

即 $\sqrt{(x+2)^2+y^2}=2\sqrt{(x-1)^2+y^2}$，化简得 $(x-2)^2+y^2=4$，

即点 P 的轨迹是以（2，0）为圆心，2 为半径的圆．

因此点 P 的轨迹所包围的图形的面积为 4π．

解题反思

一般地，设两点 A，B，则满足 $\dfrac{|PA|}{|PB|}=\lambda$（$\lambda\neq1$）的动点 P 的轨迹为圆．

并且我们把这个圆称为阿波罗尼斯圆．

变式5.1（2008 江苏卷）已知 $AB=2$，$AC=\sqrt{2}BC$，则 $\triangle ABC$ 的面积的最大值为_____．

变式5.2 在等腰 $\triangle ABC$ 中，$AB=AC$，D 为边 AB 的中点，且 $CD=2$，则 $\triangle ABC$ 面积的最大值为_____．

变式5.3（2013 江苏卷17）如图 $1-4-4$，在平面直角坐标系 xOy 中，点 A（0，3），直线 l：$y=2x-4$．设圆 C 的半径为 1，圆心在 l 上．

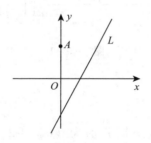

图 $1-4-4$

（1）若圆心 C 也在直线 $y=x-1$ 上，过点 A 作圆 C 的切线，求切线的方程；

（2）若圆 C 上存在点 M，使 $MA=2MO$，求圆心 C 的横坐标 a 的取值范围．

第五节　圆锥曲线的标准方程及其求法

【知识概述】

求圆锥曲线的标准方程是高考考查的重点内容，一般出现在解答题的第一问，难度不大，考查学生基本运算能力与数形结合思想，体现数学运算与直观想象数学核心素养．本节内容重点介绍圆锥曲线标准方程的求解方法．

【知识框架】

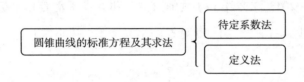

图 1 - 5 - 1

【例题分析】

例1　已知椭圆的焦点坐标分别为 $(0, -2)$，$(0, 2)$，并且经过点 $\left(-\dfrac{3}{2}, \dfrac{5}{2}\right)$，求椭圆的标准方程．

解析：已知椭圆的焦点坐标分别为 $(0, -2)$，$(0, 2)$，

设椭圆的标准方程为 $\dfrac{y^2}{a^2} + \dfrac{x^2}{b^2} = 1$（$a > b > 0$），

则 $\begin{cases} a^2 = b^2 + 4, \\ \dfrac{25}{4a^2} + \dfrac{9}{4b^2} = 1, \end{cases}$ 解得 $\begin{cases} a^2 = 10, \\ b^2 = 6, \end{cases}$ 所以椭圆的标准方程为 $\dfrac{y^2}{10} + \dfrac{x^2}{6} = 1$.

解题反思

当圆锥曲线的类型确定时，可以通过待定系数法求圆锥曲线的标准方程，即先设方程形式，后求解系数，值得注意的是，应根据焦点坐标正确设出具体的标准方程形式．

变式 1.1（2020 山东节选）已知椭圆 C：$\dfrac{x^2}{a^2} + \dfrac{y^2}{b^2} = 1$（$a > b > 0$）的离心率为 $\dfrac{\sqrt{2}}{2}$，且过点（2，1），则椭圆 C 的方程为＿＿＿＿＿．

变式 1.2（2017 山东文节选）已知椭圆 C：$\dfrac{x^2}{a^2} + \dfrac{y^2}{b^2} = 1$（$a > b > 0$）的离心率为 $\dfrac{\sqrt{2}}{2}$，椭圆 C 截直线 $y = 1$ 所得线段的长度为 $2\sqrt{2}$，则椭圆 C 的方程为＿＿＿＿＿．

变式 1.3（2014 四川节选）已知椭圆 C：$\dfrac{x^2}{a^2} + \dfrac{y^2}{b^2} = 1$（$a > b > 0$）的焦距为 4，其短轴的两个端点与长轴的一个端点构成正三角形，则椭圆 C 的标准方程为＿＿＿＿＿．

变式 1.4 已知椭圆 C：$\dfrac{x^2}{a^2} + \dfrac{y^2}{b^2} = 1$（$a > b > 0$）的离心率为 $\dfrac{\sqrt{2}}{2}$，椭圆 C 和抛物线 $y^2 = x$ 相交于 M，N，且直线 MN 经过椭圆 C 的右焦点，则椭圆 C 的方程为＿＿＿＿＿．

例 2（2016 全国 I 理节选）设圆 $x^2 + y^2 + 2x - 15 = 0$ 的圆心为 A，直线 l 过点 B（1，0）且与 x 轴不重合，l 交圆 A 于 C，D 两点，过 B 作 AC 的平行线交 AD 于点 E．

求证：$|EA| + |EB|$ 为定值，并写出点 E 的轨迹方程．

证明：$\because |AD| = |AC|$，$EB // AC$，故 $\angle EBD = \angle ACD = \angle ADC$，

$\therefore |EB| = |ED|$，故 $|EA| + |EB| = |ED| = |AD|$.

又圆 A 的标准方程为 $(x + 1)^2 + y^2 = 16$，从而 $|AD| = 4$，$\therefore |EA| + |EB| = 4$.

由题设得 $A(-1, 0)$，$B(1, 0)$，$|AB| = 2$，

由椭圆定义可得点 E 的轨迹方程为 $\dfrac{x^2}{4} + \dfrac{y^2}{3} = 1$（$y \neq 0$）.

解题反思

当动点的运动轨迹满足圆锥曲线的定义时，则可以考虑使用定义法求圆锥曲线的标准方程，一般还需要进一步检验是否有不符合题意的特殊点.

变式 2.1 一动圆过定点 $A(2, 0)$，且与定圆 C：$(x + 2)^2 + y^2 = 36$ 内切，则动圆圆心 M 的轨迹方程为 _____．

变式 2.2 已知动圆 M 与圆 C_1：$(x - 4)^2 + y^2 = 169$ 内切且与 C_2：$(x + 4)^2 + y^2 = 9$ 外切，则动圆圆心 M 的轨迹方程为 _____．

变式 2.3 已知动圆 M 与圆 C_1：$(x + 3)^2 + y^2 = 9$ 外切且与圆 C_2：$(x - 3)^2 + y^2 = 1$ 内切，则动圆圆心 M 的轨迹方程是 _____．

变式 2.4 已知动圆 M 与圆 C_1：$(x + 3)^2 + y^2 = 9$、圆 C_2：$(x - 3)^2 + y^2 = 1$ 同时外切，则动圆圆心 M 的轨迹方程是 _____．

变式 2.5 已知动圆 M 与圆 C_1：$(x + 2)^2 + y^2 = 1$ 外切，且与定直线 $x = 1$ 相切，则动圆圆心 M 的轨迹方程是 _____．

第六节　椭圆与双曲线的焦点三角形

【知识概述】

我们把椭圆、双曲线上一点与两焦点组成的三角形称为焦点三角形，以焦点三角形为背景的问题是高考命题的一个重要方向，主要考查学生对椭圆、双曲线定义的应用以及解三角形的思想，主要体现直观想象与数学运算的数学核心素养．

【知识框架】

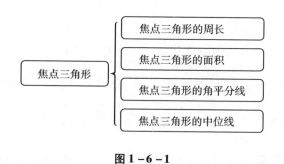

图 1 - 6 - 1

【例题分析】

例1　在平面直角坐标系 xOy 中，椭圆 C 的中心为原点，焦点 F_1，F_2 在 x 轴上，离心率为 $\dfrac{\sqrt{2}}{2}$，过点 F_1 的直线 l 交椭圆 C 于 A，B 两点，且 $\triangle ABF_2$ 的周长为 16，那么椭圆 C 的方程为_____．

解析：如图 1 - 6 - 2 所示，依题意设椭圆方程为 $\dfrac{x^2}{a^2} + \dfrac{y^2}{b^2} = 1$，

则 $\begin{cases} \dfrac{c}{a} = \dfrac{\sqrt{2}}{2}, \\ 4a = 16, \end{cases}$ 解得 $\begin{cases} b = 2\sqrt{2}, \\ a = 4, \end{cases}$ 故椭圆 C 的方程为 $\dfrac{x^2}{16} + \dfrac{y^2}{8} = 1$.

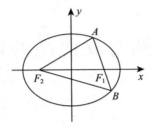

图 1 − 6 − 2

解题反思

焦点三角形的周长：

（1）过椭圆的一个焦点作弦 AB，与另一个焦点 F 构成 $\triangle FAB$，则 $\triangle FAB$ 的周长为 $4a$.

（2）椭圆上任意一点 P 与两焦点 F_1，F_2 构成的 $\triangle PF_1F_2$ 的周长为定值：$2(a+c)$.

（3）已知 F_1，F_2 分别为双曲线 $\dfrac{x^2}{a^2} - \dfrac{y^2}{b^2} = 1$（$a>0$，$b>0$）的左、右焦点，$l$ 过焦点 F_1 且与双曲线交于 A，B 两点，则 $|AF_2| + |BF_2| - |AB| = 4a$.

变式 1.1 设 F_1，F_2 分别是椭圆 E：$\dfrac{x^2}{a^2} + \dfrac{y^2}{b^2} = 1$（$a>b>0$）的左、右焦点，过点 F_1 的直线交椭圆 E 于 A，B 两点，$|AF_1| = 3|BF_1|$，若 $|AB| = 4$，$\triangle ABF_2$ 的周长为 16，则 $|AF_2| = $ _____ .

变式 1.2 设 F 为双曲线 C：$\dfrac{x^2}{9} - \dfrac{y^2}{16} = 1$ 的左焦点，P，Q 为 C 上的点，若 PQ 的长等于虚轴长的 2 倍，点 A（5，0）在线段 PQ 上，则 $\triangle PQF$ 的周长为 _____ .

变式 1.3 设 F_1，F_2 分别是椭圆 E：$\dfrac{x^2}{a^2} + \dfrac{y^2}{b^2} = 1$（$a>b>0$）的左、右焦点，过点 F_1 的直线交椭圆 E 于 A，B 两点，若 $|AF_2| : |AB| : |BF_2| = 3 : 4 : 5$，则

椭圆 E 的离心率 e 为_____.

例 2 已知 F_1，F_2 是椭圆 $\dfrac{x^2}{9} + \dfrac{y^2}{5} = 1$ 的焦点，点 P 在椭圆上且 $\angle F_1 P F_2 = \dfrac{\pi}{3}$，则 $\triangle F_1 P F_2$ 的面积为_____.

解析：如图 1-6-3 所示，在 $\triangle F_1 P F_2$ 中，根据椭圆的定义及余弦定理得

$$\begin{cases} |PF_1| + |PF_2| = 6, \\ |PF_1|^2 + |PF_2|^2 - |PF_1| \cdot |PF_2| = 16, \end{cases}$$

解得 $|PF_1| \cdot |PF_2| = \dfrac{20}{3}$，

故 $S_{\triangle F_1 P F_2} = \dfrac{1}{2} |PF_1| \cdot |PF_2| \sin \dfrac{\pi}{3} = \dfrac{5\sqrt{3}}{3}$.

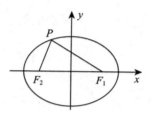

图 1-6-3

解题反思

焦点三角形面积的相关结论：

（1）已知 F_1，F_2 为椭圆 $\dfrac{x^2}{a^2} + \dfrac{y^2}{b^2} = 1$（$a > b > 0$）的两个焦点，$M$ 是椭圆上的动点，则 $\triangle MF_1F_2$ 的面积 $S = c|y_M| = b^2 \tan \dfrac{\theta}{2}$（$\theta = \angle F_1 M F_2$）.

（2）已知 F_1，F_2 为双曲线 $\dfrac{x^2}{a^2} - \dfrac{y^2}{b^2} = 1$（$a > 0$，$b > 0$）的两个焦点，$M$ 是双曲线上的动点，则 $\triangle MF_1F_2$ 的面积 $S = c|y_M| = \dfrac{b^2}{\tan \dfrac{\theta}{2}}$（$\theta = \angle F_1 M F_2$）.

（3）最大顶角：设 $\angle F_1 P F_2 = \theta$，当点 P 与短轴端点重合时 θ 最大；另外，设 $\angle APB = \theta$（其中 A，B 为椭圆的左右顶点），当 P 在短轴端点时，顶角 θ 最大.

变式 2.1 已知 F_1，F_2 是椭圆 C：$\dfrac{x^2}{a^2} + \dfrac{y^2}{b^2} = 1$（$a > b > 0$）的两个焦点，$P$ 为椭圆 C 上一点，$PF_1 \perp PF_2$．若 $\triangle PF_1F_2$ 的面积为 9，则 $b =$ ＿＿＿＿＿＿．

变式 2.2 已知 F_1，F_2 为双曲线 C：$x^2 - y^2 = 1$ 的左、右焦点，点 P 在 C 上，$\angle F_1PF_2 = 60°$，则 $|PF_1| \cdot |PF_2| =$（　　）

A. 2　　　　　　B. 4　　　　　　C. 6　　　　　　D. 8

变式 2.3 设 P 为双曲线 $x^2 - \dfrac{y^2}{12} = 1$ 上的一点，F_1，F_2 是该双曲线的两个焦点，若 $|PF_1| : |PF_2| = 3 : 2$，则 $\triangle PF_1F_2$ 的面积为（　　）

A. $6\sqrt{3}$　　　　B. 12　　　　C. $12\sqrt{3}$　　　　D. 24

变式 2.4 已知 F_1，F_2 分别是椭圆 C：$\dfrac{x^2}{a^2} + \dfrac{y^2}{b^2} = 1$（$a > b > 0$）的左、右焦点，若椭圆上存在点 P，使 $\angle F_1PF_2 = 90°$，则椭圆的离心率 e 的取值范围为（　　）

A. $\left(0, \dfrac{\sqrt{2}}{2}\right]$ 　　　　　　　　B. $\left[\dfrac{\sqrt{2}}{2}, 1\right)$

C. $\left(0, \dfrac{\sqrt{3}}{2}\right]$ 　　　　　　　　D. $\left[\dfrac{\sqrt{3}}{2}, 1\right)$

变式 2.5（2017 全国 I 文）设 A，B 是椭圆 C：$\dfrac{x^2}{3} + \dfrac{y^2}{m} = 1$ 长轴的两个端点，若 C 上存在点 M 满足 $\angle AMB = 120°$，则 m 的取值范围是（　　）

A.（0，1］$\cup$［9，$+\infty$）　　　　B.（0，$\sqrt{3}$］$\cup$［9，$+\infty$）

C.（0，1］$\cup$［4，$+\infty$）　　　　D.（0，$\sqrt{3}$］$\cup$［4，$+\infty$）

例 3 已知 F_1，F_2 为椭圆 $\dfrac{x^2}{16} + \dfrac{y^2}{12} = 1$ 的左、右焦点，点 A（2，3）在椭圆上，则 $\angle F_1AF_2$ 的角平分线所在直线的方程为＿＿＿＿＿．

解析：如图 1−6−4 所示，设 $\angle F_1AF_2$ 的角平分线与 x 轴交于点 M（m，0），由角平分线性质得 $\dfrac{|AF_1|}{|AF_2|} = \dfrac{|MF_1|}{|MF_2|}$，即 $\dfrac{m+2}{2-m} = \dfrac{5}{3}$，

解得 $m = \dfrac{1}{2}$，故 $\angle F_1AF_2$ 的角平分线所在直线的方程为 $2x - y - 1 = 0$．

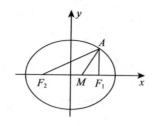

图 1－6－4

解题反思

（1）在处理圆锥曲线的焦点三角形角平分线问题时，注意利用圆锥曲线的定义；

（2）一般地，在 $\triangle ABC$ 中，若 AD 为 $\angle BAC$ 的平分线，则 $\dfrac{|AB|}{|AC|} = \dfrac{|BD|}{|CD|}$.

变式 3.1　已知 F_1，F_2 分别为双曲线 $C: \dfrac{x^2}{9} - \dfrac{y^2}{27} = 1$ 的左、右焦点，点 $A \in C$，点 M 的坐标为 $(2, 0)$，AM 为 $\angle F_1 A F_2$ 的平分线，则 $|AF_2| = $ _____ .

变式 3.2　（2013 山东理）已知点 P 是椭圆 $C: \dfrac{x^2}{4} + y^2 = 1$ 上除长轴端点外的任一点，连接 PF_1，PF_2，设 $\angle F_1 P F_2$ 的平分线 PM 交 C 的长轴于点 M $(m, 0)$，则 m 的取值范围为 _____ .

　例 4　（2010 成都模拟）已知椭圆的左焦点为 F_1，若椭圆上存在一点 P，满足以椭圆短轴为直径的圆与线段 PF_1 相切于线段 PF_1 的中点 E，则椭圆的离心率 e 为（　　）

A. $\dfrac{\sqrt{5}}{3}$ 　　　　B. $\dfrac{2}{3}$ 　　　　C. $\dfrac{\sqrt{2}}{2}$ 　　　　D. $\dfrac{5}{9}$

解析：如图 1－6－5 所示，已知 $|PF_2| = 2|OE| = 2b$，

则 $|PF_1| = 2a - 2b$. 在 $\mathrm{Rt}\triangle PF_1F_2$ 中，$|PF_1|^2 + |PF_2|^2 = |F_1F_2|^2$，

即 $4(a-b)^2 + 4b^2 = 4c^2 = 4(a^2 - b^2)$，则 $2a = 3b$，

故 $e = \sqrt{1 - \dfrac{b^2}{a^2}} = \dfrac{\sqrt{5}}{3}$.

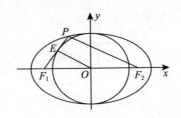

图 1−6−5

解题反思

解决焦点三角形的中位线问题应注意圆锥曲线定义的应用，以及原点为两焦点的中点这一隐含信息.

变式 4.1 （2014 辽宁）已知椭圆 C：$\dfrac{x^2}{9} + \dfrac{y^2}{4} = 1$，点 M 与椭圆 C 的焦点不重合，若点 M 关于椭圆 C 的焦点的对称点分别为 A，B，线段 MN 的中点在椭圆 C 上，则 $|AN| + |BN| = $ _____.

变式 4.2 已知点 M 为双曲线 $\dfrac{x^2}{a^2} - \dfrac{y^2}{b^2} = 1$ 右支上一点，右焦点为 F_2，则以 MF_2 为直径的圆与圆 O：$x^2 + y^2 = a^2$ 的位置关系是（ ）

A. 内切   B. 外切

C. 内切或外切   D. 无法确定

变式 4.3 （2019 浙江）已知椭圆 $\dfrac{x^2}{9} + \dfrac{y^2}{5} = 1$ 的左焦点为 F，点 P 在椭圆上且在 x 轴的上方，若线段 PF 的中点在以原点 O 为圆心，$|OF|$ 为半径的圆上，则直线 PF 的斜率 k 是 _____.

第七节 离心率的求法

【知识概述】

计算圆锥曲线的离心率是高考命题的一个热点问题，同时也是一个难点．具有一定的综合性，解题的关键是如何根据题目的条件建立关于基本量 a，b，c 的齐次方程，进而化简求得离心率，主要考查学生数学运算和直观想象的数学核心素养．本节知识主要介绍离心率的常见求法．

【知识框架】

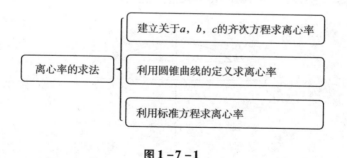

图 1-7-1

【例题分析】

例1 已知椭圆的长轴长、短轴长和焦距成等差数列，则椭圆的离心率 e 为_____．

解析：依题意得 $2b = a + c$，则 $4b^2 = a^2 + 2ac + c^2$，

则 $5c^2 + 2ac - 3a^2 = 0$，即 $5e^2 + 2e - 3 = 0$，解得 $e = \dfrac{3}{5}$．

解题反思

(1) 根据题目的条件列出关于基本量 a，b，c 的齐次方程，并结合 a，b，c 的关系式化简求得离心率.

(2) 椭圆中基本量 a，b，c，e 的关系：① $a^2 = b^2 + c^2$；② $e^2 = \dfrac{c^2}{a^2} = 1 - \dfrac{b^2}{a^2}$；

(3) 双曲线中基本量 a，b，c，e 的关系：① $c^2 = b^2 + a^2$；② $e^2 = \dfrac{c^2}{a^2} = 1 + \dfrac{b^2}{a^2}$.

变式 1.1 （2017 新课标 Ⅲ 文理）已知椭圆 $C : \dfrac{x^2}{a^2} + \dfrac{y^2}{b^2} = 1$ （$a > b > 0$）的左、右顶点分别为 A_1，A_2，且以线段 $A_1 A_2$ 为直径的圆与直线 $bx - ay + 2ab = 0$ 相切，则 C 的离心率 e 为（　　）

A. $\dfrac{\sqrt{6}}{3}$ B. $\dfrac{\sqrt{3}}{3}$ C. $\dfrac{\sqrt{2}}{3}$ D. $\dfrac{1}{3}$

变式 1.2 （2016 江苏理）如图 $1-7-2$ 所示，在平面直角坐标系 xOy 中，F 是椭圆 $\dfrac{x^2}{a^2} + \dfrac{y^2}{b^2} = 1$ （$a > b > 0$）的右焦点，直线 $y = \dfrac{b}{2}$ 与椭圆交于 B，C 两点，且 $\angle BFC = 90°$，则该椭圆的离心率 e 是_____.

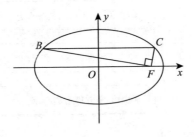

图 1-7-2

变式 1.3 （2018 全国 2 理 12）已知 F_1，F_2 是椭圆 $C : \dfrac{x^2}{a^2} + \dfrac{y^2}{b^2} = 1$ （$a > b > 0$）的左、右焦点，A 是 C 的左顶点，点 P 在过 A 且斜率为 $\dfrac{\sqrt{3}}{6}$ 的直线上，$\triangle PF_1 F_2$ 是等腰三角形，$\angle F_1 F_2 P = 120°$，则 C 的离心率 e 为（　　）

A. $\dfrac{2}{3}$ B. $\dfrac{1}{2}$ C. $\dfrac{1}{3}$ D. $\dfrac{1}{4}$

例2 过椭圆 C：$\dfrac{x^2}{a^2} + \dfrac{y^2}{b^2} = 1$ 的左焦点 F_1 作 x 轴的垂线交椭圆于点 P，F_2 为右焦点，若 $\angle F_1PF_2 = 60°$，则椭圆 C 的离心率 e 为＿＿＿＿＿．

解析：如图 $1-7-3$ 所示，已知 $\angle F_1PF_2 = 60°$，则 $|PF_1| = \dfrac{2\sqrt{3}c}{3}$，$|PF_1| = \dfrac{4\sqrt{3}c}{3}$，

又 $|PF_1| + |PF_2| = 2a$，即 $2\sqrt{3}c = 2a$，所以 $e = \dfrac{\sqrt{3}}{3}$．

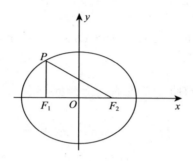

图 $1-7-3$

解题反思

根据条件将图形中的线段基本量化，结合圆锥曲线定义建立关于 a，b，c 的齐次方程求离心率．

变式 2.1 过椭圆 C：$\dfrac{x^2}{a^2} + \dfrac{y^2}{b^2} = 1$（$a > b > 0$）的左焦点 F_1 作 x 轴的垂线交椭圆于点 P，F_2 为右焦点，若 $\triangle F_1PF_2$ 为等腰直角三角形，则椭圆 C 的离心率 e 为＿＿＿＿＿．

变式 2.2 分别过椭圆 C：$\dfrac{x^2}{a^2} + \dfrac{y^2}{b^2} = 1$（$a > b > 0$）的左焦点 F_1、右焦点 F_2 作 x 轴的垂线交椭圆于点 P，Q 与 M，N，若四边形 $PQMN$ 为正方形，则椭圆 C 的离心率 e 为＿＿＿＿＿．

变式 2.3 ［2021 全国甲卷（理）］已知 F_1，F_2 是双曲线 C 的两个焦点，P 为 C 上一点，且 $\angle F_1PF_2 = 60°$，$|PF_1| = 3|PF_2|$，则 C 的离心率 e 为

（　　）

A. $\dfrac{\sqrt{7}}{2}$　　　　　B. $\dfrac{\sqrt{13}}{2}$　　　　　C. $\sqrt{7}$　　　　　D. $\sqrt{13}$

变式 2.4　（2019 全国 II 文改编）已知 F_1，F_2 是双曲线 C：$\dfrac{x^2}{a^2} - \dfrac{y^2}{b^2} = 1$（$a > 0$，$b > 0$）的左、右焦点，$P$ 为 C 上一点，O 为坐标原点，若 $\triangle POF_2$ 为等边三角形，则 C 的离心率 e 为_____．

例 3　（2015 全国理 II 卷）已知点 A_1，A_2 为双曲线 C：$\dfrac{x^2}{a^2} - \dfrac{y^2}{b^2} = 1$ 的左、右顶点，点 P 在双曲线 C 的右支上，且满足 $|A_1A_2| = |PA_2|$，$\angle A_1A_2P = 120°$，则双曲线的离心率 e 为_____．

解析：已知点 P 在双曲线 C 的右支上，且 $|A_1A_2| = |PA_2| = 2a$，$\angle A_1A_2P = 120°$，故点 P（$2a$，$\sqrt{3}a$），则 $\dfrac{4a^2}{a^2} - \dfrac{3a^2}{b^2} = 1$，故 $a^2 = b^2$，则 $e = \sqrt{1 + \dfrac{b^2}{a^2}} = \sqrt{2}$．

解题反思

设法将圆锥曲线上一点的坐标用基本量表示，然后代入圆锥曲线的标准方程，构造关于基本量的齐次式求解离心率，这是求解离心率最重要也最常用的一种方法．

变式 3.1　（2015 山东文）过双曲线 C：$\dfrac{x^2}{a^2} - \dfrac{y^2}{b^2} = 1$（$a > 0$，$b > 0$）的右焦点作一条与其渐近线平行的直线，交双曲线 C 于点 P，若点 P 的横坐标为 $2a$，则 C 的离心率 e 为_____．

变式 3.2　（2014 安徽文改编）设 F_1，F_2 分别是椭圆 C：$\dfrac{x^2}{a^2} + \dfrac{y^2}{b^2} = 1$（$a > b > 0$）的左、右焦点，过点 F_1 的直线交椭圆 C 于 A，B 两点，若 $|AF_1| = 3|BF_1|$，$AF_2 \perp x$ 轴，则椭圆 C 的离心率 e 为_____．

第八节 距离问题

【知识概述】

解析几何的距离问题主要包含直线与圆锥曲线相交的弦长问题，以及直线上任意两点间的距离，距离问题是解析几何的基本知识与基本问题，经常活跃在高考试题的条件或问题中，考查学生正确选择公式以及数学运算能力.

【知识框架】

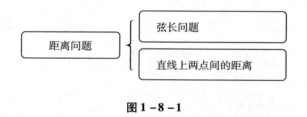

图 1 – 8 – 1

【例题分析】

例1 （2015 江苏理）如图 1 – 8 – 2，在平面直角坐标系 xOy 中，已知椭圆 $\dfrac{x^2}{a^2}+\dfrac{y^2}{b^2}=1$（$a>b>0$）的离心率为 $\dfrac{\sqrt{2}}{2}$，且右焦点 F 到左准线 l 的距离为3.

（说明：椭圆 $\dfrac{x^2}{a^2}+\dfrac{y^2}{b^2}=1$ 的左准线方程为 $x=-\dfrac{a^2}{c}$）

（1）求椭圆的标准方程；

（2）如图 1 – 8 – 2 所示，过点 F 的直线与椭圆交于 A，B 两点，线段 AB

的垂直平分线分别交直线 l 和 AB 于点 P，C，若 $|PC|=2|AB|$，求直线 AB 的方程.

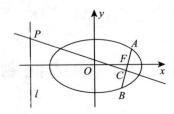

图 1-8-2

解：（1）由题意，得 $\dfrac{c}{a}=\dfrac{\sqrt{2}}{2}$ 且 $c+\dfrac{a^2}{c}=3$，

解得 $a=\sqrt{2}$，$c=1$，则 $b=1$，所以椭圆的标准方程为 $\dfrac{x^2}{2}+y^2=1$.

（2）当 $AB\perp x$ 轴时，$AB=\sqrt{2}$，又 $CP=3$，不合题意.

当 AB 与 x 轴不垂直时，设直线 AB 的方程为 $y=k(x-1)$，$A(x_1,y_1)$，$B(x_2,y_2)$，将 AB 的方程代入椭圆方程，得 $(1+2k^2)x^2-4k^2x+2(k^2-1)=0$，

则 $x_{1,2}=\dfrac{2k^2\pm\sqrt{2(1+k^2)}}{1+2k^2}$，$C$ 的坐标为 $\left(\dfrac{2k^2}{1+2k^2},\dfrac{-k}{1+2k^2}\right)$，且

$$AB=\sqrt{(x_2-x_1)^2+(y_2-y_1)^2}=\sqrt{(1+k^2)(x_2-x_1)^2}=\dfrac{2\sqrt{2}(1+k^2)}{1+2k^2}.$$

若 $k=0$，则线段 AB 的垂直平分线为 y 轴，与左准线平行，不合题意.

从而 $k\neq0$，故直线 PC 的方程为 $y+\dfrac{k}{1+2k^2}=-\dfrac{1}{k}\left(x-\dfrac{2k^2}{1+2k^2}\right)$，

则 P 点的坐标为 $\left(-2,\dfrac{5k^2+2}{k(1+2k^2)}\right)$，从而 $|PC|=\dfrac{2(3k^2+1)\sqrt{1+k^2}}{|k|(1+2k^2)}$.

因为 $PC=2AB$，所以 $\dfrac{2(3k^2+1)\sqrt{1+k^2}}{|k|(1+2k^2)}=\dfrac{4\sqrt{2}(1+k^2)}{1+2k^2}$，解得 $k=\pm1$.

此时直线 AB 的方程为 $y=x-1$ 或 $y=-x+1$.

解题反思

（1）本题条件中的距离分为两类：其中 $|AB|$ 理解为直线与圆锥曲线相交的弦长；$|PC|$ 理解为直线上两点间的距离．

（2）一般地，直线与圆锥曲线相交的弦长公式为 $|AB| = \sqrt{1+k^2}$ $\sqrt{\left[(x_1+x_2)^2 - 4x_1x_2\right]}$，然而该公式普遍适用于求直线上任何两点间的距离，可以与圆锥曲线无关，并且当问题情景为直线上任意两点间的距离时，一般会将公式变形为 $|AB| = \sqrt{1+k^2}\,|x_1 - x_2|$ 求解距离．

变式 1.1　（2016 四川理数）已知椭圆 $E: \dfrac{x^2}{a^2} + \dfrac{y^2}{b^2} = 1$（$a > b > 0$）的两个焦点与短轴的一个端点是直角三角形的三个顶点，直线 $l: y = -x + 3$ 与椭圆 E 有且只有一个公共点 T．

（1）求椭圆 E 的方程及点 T 的坐标；

（2）设 O 是坐标原点，直线 l' 平行于 OT，与椭圆 E 交于不同的两点 A，B，且与直线 l 交于点 P．证明：存在常数 λ，使得 $|PT|^2 = \lambda |PA| \cdot |PB|$，并求 λ 的值．

变式 1.2　（2021 新课标 I 卷）在平面直角坐标系 xOy 中，已知点 $F_1(-\sqrt{17}, 0)$，$F_2(\sqrt{17}, 0)$，$|MF_1| - |MF_2| = 2$，点 M 的轨迹为 C．

（1）求 C 的方程；

（2）设点 T 在直线 $x = \dfrac{1}{2}$ 上，过 T 的两条直线分别交 C 于 A，B 两点和 P，Q 两点，且 $|TA| \cdot |TB| = |TP| \cdot |TQ|$，求直线 AB 的斜率与直线 PQ 的斜率之和．

第九节　面积问题

【知识概述】

解析几何中的面积问题主要是三角形面积与四边形面积问题，面积问题是高考考查的重点问题，常常涉及最值与取值范围问题，综合考查基本不等式、函数思想，体现直观想象、数学运算核心素养.

【知识框架】

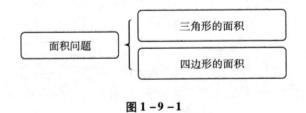

图 1 – 9 – 1

【知识讲解】

处理解析几何中的三角形、四边形的面积问题关键在于根据问题的情形正确地选择面积公式.

如图 1 – 9 – 2 所示，根据具体的条件情形，处理三角形的面积主要包含以下公式：

$$S_{\triangle ABC} = \frac{1}{2} |CD| |y_1 - y_2| \text{（其中 } y_1，y_2 \text{ 分别为 } A，B \text{ 两点的纵坐标）；}$$

$$S_{\triangle ABC} = \frac{1}{2} |BC| d \text{（其中 } d \text{ 为点 } A \text{ 到直线 } BC \text{ 的距离）；}$$

$S_{\triangle ABC} = \dfrac{1}{2}ab\sin C$（一般用于三角形中某个角度确定的情形）；

$S_{\triangle ABC} = \dfrac{1}{2}|x_1 y_2 - x_2 y_1|$ ［其中 $(x_1,\ y_1)$，$(x_2,\ y_2)$ 为三角形任意两边所对

应的向量的坐标，注意不是三角形顶点的坐标］；

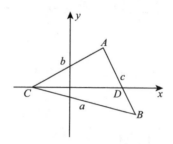

图 1 - 9 - 2

如图 1 - 9 - 3 所示，根据具体的条件情形，处理四边形的面积主要包含以

下公式：

$S_{四边形ABCD} = \dfrac{1}{2}|BD||d_1 + d_2|$（其中 d_1，d_2 分别为点 A，C 到直线 BD 的距离）；

$S_{四边形ABCD} = \dfrac{1}{2}|AC||BD|\sin\theta$（其中 θ 为直线 AC 与 BD 的夹角，特别地，当

四边形 $ABCD$ 的对角线互相垂直时，$S_{ABCD} = \dfrac{1}{2}|AC||BD|$）；

$S_{四边形ABCD} = \dfrac{1}{2}|x_1 y_2 - x_2 y_1|$（其中 $(x_1,\ y_1)$，$(x_2,\ y_2)$ 分别为 $\overrightarrow{AC}$ 与 $\overrightarrow{BD}$ 的

坐标）．

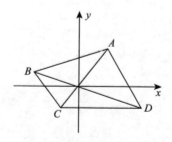

图 1 - 9 - 3

【例题分析】

例1 (2014 全国新课标卷) 已知点 A (0, -2), 椭圆 E: $\frac{x^2}{a^2}+\frac{y^2}{b^2}=1$ ($a>b$

>0) 的离心率为 $\frac{\sqrt{3}}{2}$, F 是椭圆的焦点, 直线 AF 的斜率为 $\frac{2\sqrt{3}}{3}$, O 为坐标原点.

(1) 求 E 的方程;

(2) 设过点 A 的直线 l 与 E 相交于 P, Q 两点, 当 $\triangle OPQ$ 的面积最大时, 求 l 的方程.

解:(1) 设 F (c, 0), 由条件知 $\frac{2}{c}=\frac{2\sqrt{3}}{3}$, 得 $c=\sqrt{3}$. 又 $\frac{c}{a}=\frac{\sqrt{3}}{2}$,

所以 $a=2$, $b^2=a^2-c^2=1$, 故 E 的方程为 $\frac{x^2}{4}+y^2=1$.

(2) 依题意当 $l \perp x$ 轴不合题意, 故设直线 l: $y=kx-2$,

设 P (x_1, y_1), Q (x_2, y_2),

将 $y=kx-2$ 代入 $\frac{x^2}{4}+y^2=1$, 得 $(1+4k^2)x^2-16kx+12=0$,

当 $\Delta=16(4k^2-3)>0$, 即 $k^2>\frac{3}{4}$ 时, $x_{1,2}=\frac{8k \pm 2\sqrt{4k^2-3}}{1+4k^2}$,

从而 $|PQ|=\sqrt{k^2+1}|x_1-x_2|=\frac{4\sqrt{k^2+1} \cdot \sqrt{4k^2-3}}{1+4k^2}$,

又点 O 到直线 PQ 的距离 $d=\frac{2}{\sqrt{k^2+1}}$,

所以 $\triangle OPQ$ 的面积 $S_{\triangle OPQ}=\frac{1}{2}d|PQ|=\frac{4\sqrt{4k^2-3}}{1+4k^2}$.

设 $\sqrt{4k^2-3}=t$, 则 $t>0$, $S_{\triangle OPQ}=\frac{4t}{t^2+4}=\frac{4}{t+\frac{4}{t}} \leq 1$,

当且仅当 $t=2$, $k=\pm\frac{\sqrt{7}}{2}$ 时等号成立, 且满足 $\Delta>0$, 所以当 $\triangle OPQ$ 的面积

最大时，l 的方程为 $y = \frac{\sqrt{7}}{2}x - 2$ 或 $y = -\frac{\sqrt{7}}{2}x - 2$.

解题反思

（1）解决三角形面积问题的关键在于面积公式的选取；

（2）一般地，设直线 l：$y = kx + m$ 与椭圆 C：$\frac{x^2}{a^2} + \frac{y^2}{b^2} = 1$ 交于 A，B 两点，

其中 O 为原点.

则弦长 $|AB| = \sqrt{1 + k^2}\dfrac{2ab\sqrt{a^2k^2 + b^2 - m^2}}{a^2k^2 + b^2}$，$S_{\triangle AOB} = \dfrac{ab|m|\sqrt{a^2k^2 + b^2 - m^2}}{a^2k^2 + b^2}$.

且 $(S_{\triangle AOB})_{\max} = \dfrac{ab}{2}$.

变式 1.1 直线 l 与椭圆 $\dfrac{x^2}{3} + y^2 = 1$ 交于 A，B 两点，坐标原点 O 到直线 l 的

距离为 $\dfrac{\sqrt{3}}{2}$，求 $S_{\triangle AOB}$ 的最大值.

变式 1.2 已知椭圆 C 的一个顶点为 $(0，-1)$，且焦点在 x 轴上，若右焦

点到直线 $x - y + 2\sqrt{2} = 0$ 的距离为 3.

（1）求椭圆的方程；

（2）设 A，B 为椭圆上两点，且 $|AB| = 3$，求 $S_{\triangle AOB}$ 的取值范围.

例2 设经过抛物线 $y^2 = 2px$（$p > 0$）焦点 F 的直线 l 交抛物线于 A，B 两点，O 为坐标原点，则 $\triangle AOB$ 面积的最小值为_____.

解析：

方法一：易知直线 l 不水平，设 l 的方程为 $x = ty + \dfrac{p}{2}$，A（x_1，y_1），B（x_2，y_2），

联立 $\begin{cases} y^2 = 2px, \\ x = ty + \dfrac{p}{2}, \end{cases}$ 消去 x 得 $y^2 - 2pty - p^2 = 0$，

故 $y_1 y_2 = -p^2$，又 $S_{\triangle AOB} = \dfrac{1}{2} |OF| |y_1 - y_2| \geqslant \dfrac{p}{4} \cdot 2 \cdot \sqrt{|y_1 y_2|} = \dfrac{p^2}{2}$，

所以 $\triangle AOB$ 面积的最小值为 $\dfrac{p^2}{2}$.

方法二：易知直线 l 不水平，设 l 的方程为 $x = ty + \dfrac{p}{2}$，A（x_1，y_1），B（x_2，y_2），

联立 $\begin{cases} y^2 = 2px, \\ x = ty + \dfrac{p}{2}, \end{cases}$ 消去 x 得 $y^2 - 2pty - p^2 = 0$，

故 $y_1 y_2 = -p^2$，又 $\overrightarrow{OA} = （x_1，y_1）$，$\overrightarrow{OB} = （x_2，y_2）$，则 $S_{\triangle AOB} = \dfrac{1}{2} |x_1 y_2 - x_2 y_1| = \dfrac{1}{2} \left| \dfrac{y_1^2}{2p} y_2 - \dfrac{y_2^2}{2p} y_1 \right| = \dfrac{|y_1 y_2|}{4p} |y_1 - y_2| \geqslant \dfrac{p^2}{2}$.

解题反思

三角形面积坐标公式 $S_{\triangle ABC} = \dfrac{1}{2} |x_1 y_2 - x_2 y_1|$ 紧密联系各顶点的坐标，与解析几何研究问题的思想高度吻合，恰当使用该公式可快速切入问题的求解.

变式2.1 （2014 四川理）已知 F 是抛物线 $y^2 = x$ 的焦点，点 A，B 在该抛物线上且位于 x 轴的两侧，$\overrightarrow{OA} \cdot \overrightarrow{OB} = 2$，$O$ 为坐标原点，则 $\triangle AOB$ 与 $\triangle AOF$ 面积之和的最小值为（ ）

A. 2　　　　　　　B. 3　　　　　　　C. $\dfrac{17\sqrt{2}}{8}$　　　　　　　D. $\sqrt{10}$

变式 2.2　（2009 陕西理）已知双曲线 C 的方程为 $\dfrac{y^2}{a^2} - \dfrac{x^2}{b^2} = 1$（$a > 0$，$b >$

0），离心率 $e = \dfrac{\sqrt{5}}{2}$，顶点到渐近线的距离为 $\dfrac{2\sqrt{5}}{5}$.

（1）求双曲线 C 的方程；

（2）如图 1-9-4，P 是双曲线 C 上一点，A，B 两点在双曲线 C 的两条渐近线上，且分别位于第一、二象限，若 $\overrightarrow{AP} = \lambda \overrightarrow{PB}$，$\lambda \in \left[\dfrac{1}{3}, 2\right]$，求 $\triangle AOB$ 面积的取值范围.

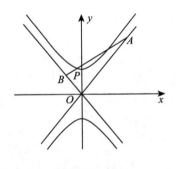

图 1-9-4

例 3　（2016 全国 I 理）设圆 $x^2 + y^2 + 2x - 15 = 0$ 的圆心为 A，直线 l 过点 B $(1, 0)$ 且与 x 轴不重合，l 交圆 A 于 C，D 两点，过 B 作 AC 的平行线交 AD 于点 E.

（1）证明 $|EA| + |EB|$ 为定值，并写出点 E 的轨迹方程；

（2）设点 E 的轨迹为曲线 C_1，直线 l 交 C_1 于 M，N 两点，过 B 且与 l 垂直的直线与圆 A 交于 P，Q 两点，求四边形 $MPNQ$ 面积的取值范围.

（1）证明：$\because |AD| = |AC|$，$EB // AC$，故 $\angle EBD = \angle ACD = \angle ADC$，

$\therefore |EB| = |ED|$，故 $|EA| + |EB| = |EA| + |ED| = |AD|$.

又圆 A 的标准方程为 $(x + 1)^2 + y^2 = 16$，从而 $|AD| = 4$，$\therefore |EA| +$ $|EB| = 4$.

由题设得 A（-1，0），B（1，0），$|AB| = 2$，

由椭圆定义可得点 E 的轨迹方程为 $\dfrac{x^2}{4} + \dfrac{y^2}{3} = 1$（$y \neq 0$）.

（2）解：当 l 与 x 轴不垂直时，设 l 的方程为 $y = k(x - 1)$ $(k \neq 0)$，M (x_1, y_1)，$N(x_1, y_2)$．

由 $\begin{cases} y = k(x - 1), \\ \dfrac{x^2}{4} + \dfrac{y^2}{3} = 1 \end{cases}$ 得 $(4k^2 + 3)x^2 - 8k^2x + 4k^2 - 12 = 0$．

则 $x_1 + x_2 = \dfrac{8k^2}{4k^2 + 3}$，$x_1 x_2 = \dfrac{4k^2 - 12}{4k^2 + 3}$．$\therefore |MN| = \sqrt{1 + k^2} |x_1 - x_2| = \dfrac{12(k^2 + 1)}{4k^2 + 3}$．

过点 $B(1, 0)$ 且与 l 垂直的直线 m：$y = -\dfrac{1}{k}(x - 1)$，A 到 m 的距离为 $\dfrac{2}{\sqrt{k^2 + 1}}$，

$\therefore |PQ| = 2\sqrt{4^2 - \left(\dfrac{2}{\sqrt{k^2 + 1}}\right)^2} = 4\sqrt{\dfrac{4k^2 + 3}{k^2 + 3}}$．

故四边形 $MPNQ$ 的面积 $S = \dfrac{1}{2}|MN||PQ| = 12\sqrt{1 + \dfrac{1}{4k^2 + 3}}$．

可得当 l 与 x 轴不垂直时，四边形 $MPNQ$ 面积的取值范围为 $[12, 8\sqrt{3})$．

当 l 与 x 轴垂直时，其方程为 $x = 1$，$|MN| = 3$，$|PQ| = 8$，四边形 $MPNQ$ 的面积为 12.

综上，四边形 $MPNQ$ 面积的取值范围为 $[12, 8\sqrt{3})$．

解题反思

注意到四边形 $MPNQ$ 的对角线互相垂直，故考虑使用公式 $S = \dfrac{1}{2}|MN||PQ|$ 求解面积.

变式 3.1 （2013 课标全国 Ⅱ 理 20）在平面直角坐标系 xOy 中，过椭圆 M：$\dfrac{x^2}{a^2} + \dfrac{y^2}{b^2} = 1$ $(a > b > 0)$ 右焦点的直线 $x + y - \sqrt{3} = 0$ 交 M 于 A，B 两点，P 为 AB 的中点，且 OP 的斜率为 $\dfrac{1}{2}$.

（1）求 M 的方程；

（2）C，D 为 M 上两点，若四边形 $ACBD$ 的对角线 $CD \perp AB$，求四边形 $ACBD$ 面积的最大值.

变式 3.2　（2008 全国 Ⅱ 理）设椭圆中心在坐标原点，A（2，0），B（0，1）是它的两个顶点，直线 $y = kx$（$k > 0$）与 AB 相交于点 D，与椭圆相交于 E，F 两点.

（1）若 $\overrightarrow{ED} = 6 \overrightarrow{DF}$，求 k 的值；

（2）求四边形 $AEBF$ 面积的最大值.

第二章

思想方法篇

知识结构

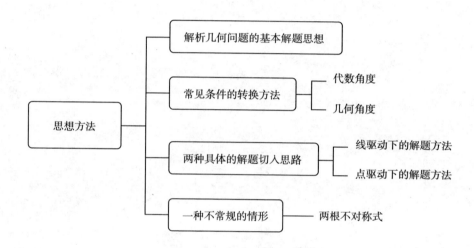

本章知识重点探讨如何有法可依、有章可循地思考求解解析几何综合问题，摒弃千篇一律地联立方程——韦达定理的固定套路，正确理解问题思考的路径，掌握解题的步骤，认清解题的本质，切实掌握两种具体的解题切入思路——设线切入或设点切入，突破两根不对称式化简变形的难点，进一步强化解决问题的能力．

第一节　解析几何问题的基本解题思想

【知识概述】

解析几何的本质是利用代数方法研究几何问题，通过建立平面直角坐标系，将问题转化为坐标的代数形式，处理代数问题，通过代数运算，最后分析代数结果对应的几何含义．本节内容详细介绍处理解析几何问题的基本方法，解决问题的基本步骤，探究如何有章可循地思考解析几何问题．

【知识框架】

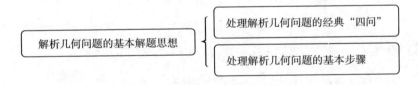

图 2 - 1 - 1

【例题分析】

例1　（2017 新课标 I 理）已知椭圆 $C：\dfrac{x^2}{a^2}+\dfrac{y^2}{b^2}=1$（$a>b>0$），四点 P_1 (1，1)，P_2 (0，1)，$P_3\left(-1，\dfrac{\sqrt{3}}{2}\right)$，$P_4\left(1，\dfrac{\sqrt{3}}{2}\right)$ 中恰有三点在椭圆 C 上．

（1）求 C 的方程；

（2）设直线 l 不经过 P_2 点且与 C 相交于 A，B 两点．若直线 P_2A 与直线

P_2B 的斜率的和为 -1，证明：l 过定点.

思路分析：

（1）C 的方程：$\dfrac{x^2}{4} + y^2 = 1$（过程略）.

（2）对于（2）问，我们从具体的四个问题来分析解题思路：

① 题目中的条件、问题与哪些点有关?

答：题目中的条件、问题与 A，B 两点有关.

② 如何用点的坐标表示题目中的条件或者问题?

答：设 $A\,(x_1,\ y_1)$，$B\,(x_2,\ y_2)$，则 $k_1 + k_2 = \dfrac{y_1 - 1}{x_1} + \dfrac{y_2 - 1}{x_2} = 1$.

③ 如何将表达式转化为两根之和、两根之积的结构?

答：设 l：$y = kx + m$，则

$$k_1 + k_2 = \frac{y_1 - 1}{x_1} + \frac{y_2 - 1}{x_2} = 2k + \frac{m-1}{x_1} + \frac{m-1}{x_2} = 2k + \frac{(m-1)\,(x_1 + x_2)}{x_1 x_2} = 1.$$

④ 应当联立哪条直线与椭圆方程进一步求解?

答：联立 $\begin{cases} y = kx + m, \\ \dfrac{x^2}{4} + y^2 = 1. \end{cases}$

解：设 $A\,(x_1,\ y_1)$，$B\,(x_2,\ y_2)$，l：$y = kx + m$ $(m \neq 1)$.

联立 $\begin{cases} y = kx + m, \\ \dfrac{x^2}{4} + y^2 = 1 \end{cases}$ 得 $(4k^2 + 1)\,x^2 + 8kmx + 4m^2 - 4 = 0$.

由题设可知 $\Delta = 16\,(4k^2 - m^2 + 1) > 0$，

则 $x_1 + x_2 = -\dfrac{8km}{4k^2 + 1}$，$x_1 x_2 = \dfrac{4m^2 - 4}{4k^2 + 1}$，

而 $k_1 + k_2 = \dfrac{y_1 - 1}{x_1} + \dfrac{y_2 - 1}{x_2} = \dfrac{kx_1 + m - 1}{x_1} + \dfrac{kx_2 + m - 1}{x_2}$

$$= \frac{2kx_1 x_2 + (m-1)(x_1 + x_2)}{x_1 x_2}.$$

又 $k_1 + k_2 = -1$，故 $(2k + 1)\,x_1 x_2 + (m-1)\,(x_1 + x_2) = 0$.

即 $(2k+1) \cdot \dfrac{4m^2-4}{4k^2+1} + (m-1) \cdot \dfrac{-8km}{4k^2+1} = 0.$

解得 $k = -\dfrac{m+1}{2}$，则 l：$y = -\dfrac{m+1}{2}x + m$，即 $y+1 = -\dfrac{m+1}{2}(x-2)$，

所以直线 l 过定点 $(2，-1)$．

解题反思

处理解析几何问题的基本步骤如图 2 − 1 − 2：

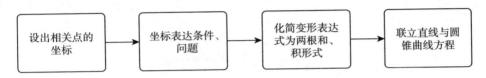

图 2 − 1 − 2

变式 1.1 （2015 陕西文）如图 2 − 1 − 3，椭圆 E：$\dfrac{x^2}{a^2} + \dfrac{y^2}{b^2}$（$a>b>0$）经

过点 A（0，−1），且离心率为 $\dfrac{\sqrt{2}}{2}$．

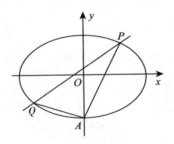

图 2 − 1 − 3

（1）求椭圆 E 的方程式；

（2）经过点（1，1），且斜率为 k 的直线与椭圆 E 交于不同的两点 P，Q（均异于点 A），证明：直线 AP 与 AQ 的斜率之和为 2.

变式 1. 2 （2013 天津文理）设椭圆 $\dfrac{x^2}{a^2}+\dfrac{y^2}{b^2}$ （ $a>b>0$ ）的左焦点为 F ，离心率为 $\dfrac{\sqrt{3}}{3}$ ，过点 F 且与 x 轴垂直的直线被椭圆截得的线段长为 $\dfrac{4\sqrt{3}}{3}$.

（1）求椭圆的方程式；

（2）设 A ， B 分别为椭圆的左、右顶点，过点 F 且斜率为 k 的直线与椭圆交于 C ， D 两点．若 $\overrightarrow{AC}\cdot\overrightarrow{DB}+\overrightarrow{AD}\cdot\overrightarrow{CB}=8$ ，求 k 的值．

变式 1. 3 （2018 全国 3 理 20）已知斜率为 k 的直线 l 与椭圆 C ： $\dfrac{x^2}{4}+\dfrac{y^2}{3}=1$ 交于 A ， B 两点，线段 AB 的中点为 M （ 1 ， m ）（ $m>0$ ）．

（1）证明： $k<-\dfrac{1}{2}$ ；

（2）设 F 为 C 的右焦点， P 为 C 上一点，且 $\overrightarrow{FP}+\overrightarrow{FA}+\overrightarrow{FB}=0$ ．证明： $|\overrightarrow{FA}|$ ， $|\overrightarrow{FP}|$ ， $|\overrightarrow{FB}|$ 成等差数列，并求该数列的公差．

第二节　常见条件的转换方法

【知识概述】

上一节我们探讨了解析几何综合问题解题的基本思路，在与问题相关的点、线分析的基础上需要我们进一步正确地将问题中的条件转化为坐标表达式，这也是解题的关键环节. 为此，本节的知识我们将探究一些常见条件的转换方法.

【知识框架】

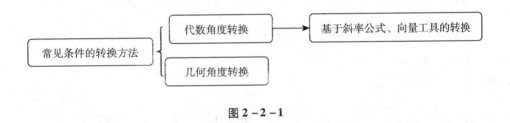

图 2-2-1

【例题分析】

例 1（2017 新课标Ⅲ理）已知抛物线 C：$y^2 = 2x$，过点（2，0）的直线 l 交 C 于 A，B 两点，圆 M 是以线段 AB 为直径的圆.

（1）证明：坐标原点 O 在圆 M 上；

（2）设圆 M 过点 P（4，-2），求直线 l 与圆 M 的方程.

（1）证明：设 A（x_1，y_1），B（x_2，y_2），l：$x = my + 2$，

由 $\begin{cases} x = my + 2, \\ y^2 = 2x \end{cases}$ 可得 $y^2 - 2my - 4 = 0$，则 $y_1 y_2 = -4$.

又 $x_1 = \dfrac{y_1^{2}}{2}$，$x_2 = \dfrac{y_2^{2}}{2}$，故 $x_1 x_2 = \dfrac{(y_1 y_2)^{2}}{4} = 4$，

因此 OA 的斜率与 OB 的斜率之积为 $\dfrac{y_1}{x_1} \cdot \dfrac{y_2}{x_2} = \dfrac{-4}{4} = -1$，所以 $OA \perp OB$.

故坐标原点 O 在圆 M 上.

（2）解：由（1）可得 $y_1 + y_2 = 2m$，$x_1 + x_2 = m(y_1 + y_2) + 4 = 2m^2 + 4$，

故圆 M 的圆心坐标为 $(m^2 + 2,\ m)$，圆 M 的半径 $r = \sqrt{(m^2 + 2)^2 + m^2}$.

由于圆 M 过点 P（4，-2），因此 $\overrightarrow{AP} \cdot \overrightarrow{BP} = 0$，

故 $(x_1 - 4)(x_2 - 4) + (y_1 + 2)(y_2 + 2) = 0$，即 $x_1 x_2 - 4(x_1 + x_2) + y_1 y_2 + 2(y_1 + y_2) + 20 = 0$.

由（1）可得 $y_1 y_2 = -4$，$x_1 x_2 = 4$，所以 $2m^2 - m - 1 = 0$，解得 $m = 1$ 或 $m = -\dfrac{1}{2}$.

当 $m = 1$ 时，直线 l 的方程为 $x - y - 2 = 0$，圆心 M 的坐标为（3，1），

圆 M 的半径为 $\sqrt{10}$，圆 M 的方程为 $(x - 3)^2 + (y - 1)^2 = 10$；

当 $m = -\dfrac{1}{2}$ 时，直线 l 的方程为 $2x + y - 4 = 0$，圆心 M 的坐标为 $\left(\dfrac{9}{4},\ -\dfrac{1}{2} \right)$，

圆 M 的半径为 $\dfrac{\sqrt{85}}{4}$，圆 M 的方程为 $\left(x - \dfrac{9}{4} \right)^2 + \left(y + \dfrac{1}{2} \right)^2 = \dfrac{85}{16}$.

解题反思

一般地，点 M 在以线段 AB 为直径的圆上 $\Leftrightarrow MA \perp MB$，进而转化为 $k_{MA} \cdot k_{MB} = -1$ 或者 $\overrightarrow{MA} \cdot \overrightarrow{MB} = 0$.

例 2 （2018 高考全国 I 理）设抛物线 C：$y^2 = 2x$，点 A（2，0），B（-2，0），过点 A 的直线 l 与 C 交于 M，N 两点.

（1）当 l 与 x 轴垂直时，求直线 BM 的方程；

（2）证明：$\angle ABM = \angle ABN$.

（1）解：当 $l \perp x$ 轴时，将直线 l：$x = 2$ 代入抛物线方程得 $y = \pm 2$.

解得点 M（2，2）或 M（2，-2），$\therefore k_{BM}=\dfrac{2-0}{2+2}=\dfrac{1}{2}$ 或 $k_{BM}=\dfrac{-2-0}{2+2}=$

$-\dfrac{1}{2}$，所以直线 BM 的方程为 $y=\dfrac{1}{2}(x-2)=\dfrac{1}{2}x-1$ 或 $y=-\dfrac{1}{2}(x-2)=-$

$\dfrac{1}{2}x+1$.

（2）证明当斜率不存在时，M，N 关于 x 轴对称，$\therefore \angle ABM=\angle ABN$.

当斜率存在时，可设直线方程为 l：$y=k(x-2)$，

联立 $\begin{cases} y=k(x-2), \\ y^2=2x, \end{cases}$ 消去 y，得 $k^2x^2-(4k^2+2)x+4k^2=0$.

设点 M（x_1，y_1），N（x_2，y_2），则 $x_1+x_2=\dfrac{4k^2+2}{k^2}$，$x_1x_2=4$，

$k_{MB}+k_{NB}=\dfrac{y_1}{x_1+2}+\dfrac{y_2}{x_2+2}=k\ \dfrac{2x_1x_2-8}{(x_1+2)(x_2+2)}=0$，

$\therefore k_{MB}=-k_{NB}$，$\therefore \angle ABM=\angle ABN$.

解题反思

一般地，AM 与 BM 关于平行坐标轴的直线对称 $\Leftrightarrow k_{AM}+k_{BM}=0$.

方法归纳

（1）一般而言，解析几何问题中的条件分为两类：可以直接转化为坐标表达的（比如定比分点坐标、斜率、线段长度等）与间接转化为坐标表达的（借助向量或相关的结论公式）.

（2）常见的条件及转化方法归纳：

① O 在以 AB 为直径的圆上 $\Leftrightarrow OA\perp OB\Leftrightarrow \overrightarrow{OA}\cdot\overrightarrow{OB}=0\Leftrightarrow x_1x_2+y_1y_2=0$；

② $|OA|=|OB|\Leftrightarrow AB\perp OM\Rightarrow k_{AB}\cdot k_{OM}=-1$（$M$ 为 AB 的中点）；

③ A，B，M（2，0）三点共线 $\Rightarrow k_{AM}=k_{BM}\Leftrightarrow \dfrac{y_1}{x_1-2}=\dfrac{y_2}{x_2-2}$；

④ 已知 A，B，M（x_0，y_0）三点共线，且 $|AM|=2|MB|\Leftrightarrow \overrightarrow{AM}=\pm2\overrightarrow{MB}$

$\Leftrightarrow \begin{cases} x_0=\dfrac{x_1\pm2x_2}{1\pm2}, \\ y_0=\dfrac{y_1\pm2y_2}{1\pm2}; \end{cases}$

⑤ AM 与 BM 关于平行坐标轴的直线对称 $\Leftrightarrow k_{AM} + k_{BM} = 0$.

变式 2.1 （2019 北京理）已知抛物线 C：$x^2 = -2py$ 经过点（2，-1）．

（1）求抛物线 C 的方程及其准线方程；

（2）设 O 为原点，过抛物线 C 的焦点作斜率不为 O 的直线 l 交抛物线 C 于两点 M，N，直线 $y = -1$ 分别交直线 OM，ON 于点 A，B. 求证：以 AB 为直径的圆经过 y 轴上的两个定点．

变式 2.2 （2015 新课标 1 理）在直角坐标系 xOy 中，曲线 C：$y = \dfrac{x^2}{4}$ 与直线 $y = kx + a$（$a > 0$）交于 M，N 两点，

（1）当 $k = 0$ 时，分别求 C 在点 M 和点 N 处的切线方程；

（2）在 y 轴上是否存在点 P，使得当 k 变动时，总有 $\angle OPM = \angle OPN$？说明理由．

变式 2.3 （2016 浙江文）如图 $2-2-2$，设抛物线 $y^2 = 2px$（$p > 0$）的焦点为 F，抛物线上的点 A 到 y 轴的距离等于 $|AF| - 1$.

（1）求 p 的值；

（2）若直线 AF 交抛物线于另一点 B，过点 B 与 x 轴平行的直线和过点 F 与 AB 垂直的直线交于点 N，AN 与 x 轴交于点 M. 求 M 的横坐标的取值范围．

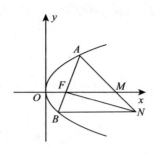

图 2 - 2 - 2

例3　（2015 北京理）已知椭圆 C：$\dfrac{x^2}{a^2} + \dfrac{y^2}{b^2} = 1$（$a > b > 0$）的离心率为 $\dfrac{\sqrt{2}}{2}$，点 P（0，1）和点 A（m，n）（$m \neq 0$）都在椭圆 C 上，直线 PA 交 x 轴于点 M.

（1）求椭圆 C 的方程，并求点 M 的坐标（用 m，n 表示）.

（2）设 O 为原点，点 B 与点 A 关于 x 轴对称，直线 PB 交 x 轴于点 N. 问：y 轴上是否存在点 Q，使得 $\angle OQM = \angle ONQ$？若存在，求点 Q 的坐标；若不存在，说明理由.

解析：（1）由题意得 $\begin{cases} b = 1, \\ \dfrac{c}{a} = \dfrac{\sqrt{2}}{2}, \\ a^2 = b^2 + c^2, \end{cases}$　解得 $a^2 = 2$，故椭圆 C 的方程为 $\dfrac{x^2}{2} + y^2 = 1$.

设 M（x_M，0）. $\because m \neq 0$，$\therefore -1 < n < 1$.

直线 PA 的方程为 $y - 1 = \dfrac{n-1}{m} x$，$\therefore x_M = \dfrac{m}{1-n}$，即 $M\left(\dfrac{m}{1-n}, \ 0\right)$.

（2）$\because$ 点 B 与点 A 关于 x 轴对称，$\therefore B$（m，$-n$）. 设 N（x_N，0），则 $x_N = \dfrac{m}{1+n}$.

假设存在点 Q（0，y_Q）使得 $\angle OQM = \angle ONQ$，则 $\triangle OQM \backsim \triangle ONQ$，则 $\dfrac{|OM|}{|OQ|} = \dfrac{|OQ|}{|ON|}$.

即 y_Q 满足 $y_Q^2 = |x_M||x_N|$. $\because x_M = \dfrac{m}{1-n}$，$x_N = \dfrac{m}{1+n}$，$\dfrac{m^2}{2} + n^2 = 1$，

$\therefore y_Q^2 = |x_M||x_N| = \dfrac{m^2}{1-n^2} = 2$. $\therefore y_Q = \sqrt{2}$ 或 $y_Q = -\sqrt{2}$，故在 y 轴上存在点 Q，

使得 $\angle OQM = \angle ONQ$，点 Q 的坐标为（0，$\sqrt{2}$）或（0，$-\sqrt{2}$）.

解题反思

一般而言，解析几何中的条件转化大方向上可分为两个角度，即从代数角度转化条件与从几何角度转化条件，当然共同点都是为了最终更方便地转化为坐标表达式.

本题中的条件 $\angle OQM = \angle ONQ$ 转化为 $\triangle OQM \backsim \triangle ONQ$，再转化为与坐标关系更紧密的条件 $\dfrac{|OM|}{|OQ|} = \dfrac{|OQ|}{|ON|}$，从而最终转化为坐标表达式 $y_Q^2 = |x_M||x_N|$ 解决问题.

变式 3.1（2016 天津文）设椭圆 $\dfrac{x^2}{a^2} + \dfrac{y^2}{3} = 1$（$a > \sqrt{3}$）的右焦点为 F，右顶点为 A，已知 $\dfrac{1}{|OF|} + \dfrac{1}{|OA|} = \dfrac{3e}{|FA|}$，其中 O 为原点，e 为椭圆的离心率.

（1）求椭圆的方程；

（2）设过点 A 的直线 l 与椭圆交于点 B（B 不在 x 轴上），垂直于 l 的直线与 l 交于点 M，与 y 轴交于点 H，若 $BF \perp HF$，且 $\angle MOA = \angle MAO$，求直线 l 的斜率.

变式 3.2 （2014 新课标 I 文理）已知抛物线 C：$y^2 = 8x$ 的焦点为 F，准线为 l，P 是 l 上一点，Q 是直线 PF 与 C 的一个交点，若 $\overrightarrow{FP} = 4\overrightarrow{FQ}$，则 $|QF| =$（　　）

A. $\dfrac{7}{2}$ B. $\dfrac{5}{2}$ C. 3 D. 2

变式 3.3 （2022 全国一卷）已知椭圆 C：$\dfrac{x^2}{a^2} + \dfrac{y^2}{b^2} = 1$（$a > b > 0$），$C$ 的上顶点为 A，两个焦点为 F_1，F_2，离心率为 $\dfrac{1}{2}$，过 F_1 且垂直于 AF_2 的直线与 C 交于 D，E 两点，$|DE| = 6$，则 $\triangle ADE$ 的周长是_____.

第三节　线驱动下的解题方法

【知识概述】

前面我们介绍了处理解析几何问题的基本方法，解析几何问题往往是变化的、动态的，几何直观表现为问题中有运动的点或者线，对应的代数结果为点的坐标或直线方程含有未知的参量．为此，处理动态问题首先需确定动源，本节内容我们将介绍什么情形下驱动源是线，如何正确设出直线解决问题．

【知识框架】

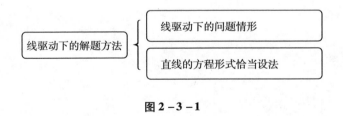

图 2 – 3 – 1

【例题分析】

例1　如图 2 – 3 – 2 所示，已知经过椭圆 E：$\dfrac{x^2}{2} + y^2 = 1$ 的右焦点为 F 的直线交 E 于点 P，Q，A 为椭圆 E 的左顶点，连接 AP，AQ 分别交直线 $x = 2$ 于点 M，N，证明：直线 FM，FN 的斜率之积为定值．

思路分析：所要证明的问题与点 M，N 直接相关，而点 M，N 的坐标分别可以借助 P，Q 的坐标表示出来，又点 P，Q 的变化是由直线 PQ 变动引起的，从而最终确定问题的驱动源为直线 PQ，故考虑设出直线 PQ 的方程，联立椭圆方程，结合韦达定理证明问题．

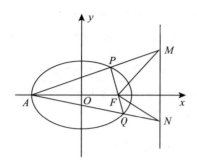

图 2 - 3 - 2

证明：设 $P(x_1, y_1)$，$Q(x_2, y_2)$，易知直线 PQ 的斜率不为 0，设 PQ：$x = ty + 1$，

则直线 AP：$y = \dfrac{y_1}{x_1 + \sqrt{2}}(x + \sqrt{2})$，则 $M\left(2, \dfrac{(2 + \sqrt{2})y_1}{x_1 + \sqrt{2}}\right)$，同理可得 $N\left(2, \dfrac{(2 + \sqrt{2})y_2}{x_2 + \sqrt{2}}\right)$．

联立 $\begin{cases} x = ty + 1, \\ \dfrac{x^2}{2} + y^2 = 1, \end{cases}$ 化简得 $(2 + t^2)y^2 + 2ty - 1 = 0$，

$\therefore y_1 + y_2 = -\dfrac{2t}{2 + t^2}$，$y_1 y_2 = \dfrac{-1}{2 + t^2}$，

$k_{FM} \cdot k_{FN} = \dfrac{(2 + \sqrt{2})y_1}{x_1 + \sqrt{2}} \cdot \dfrac{(2 + \sqrt{2})y_2}{x_2 + \sqrt{2}} = \dfrac{(2 + \sqrt{2})^2 y_1 y_2}{(ty_1 + \sqrt{2} + 1)(ty_2 + \sqrt{2} + 1)}$

$= \dfrac{(2 + \sqrt{2})^2 y_1 y_2}{t^2 y_1 y_2 + (\sqrt{2} + 1)t(y_1 + y_2) + (\sqrt{2} + 1)^2} = -1$．

因此，直线 FM，FN 的斜率之积为定值．

解题反思

（1）一般地，如果题目中的条件或问题能利用某直线与圆锥曲线的两个交点坐标表达出来，则可以考虑以直线为驱动源，正确设出直线的方程形式，联

立圆锥曲线方程结合韦达定理解决问题，即线驱动下的解题思想方法.

（2）关于直线的设法：若直线的横截距确定，或者题目中的核心表达式与 y 有关，则一般设直线方程为 $x = ty + m$；反之，若直线的纵截距确定，或者题目中的核心表达式与 x 有关，则一般设直线方程为 $y = kx + m$.

例 2 （2018 北京理 19）已知抛物线 C：$y^2 = 2px$ 经过点 P（1，2），过点 Q（0，1）的直线 l 与抛物线 C 有两个不同的交点 A，B，且直线 PA 交 y 轴于点 M，直线 PB 交 y 轴于 N.

（1）求直线 l 的斜率的取值范围；

（2）设 O 为原点，$\overrightarrow{QM} = \lambda \overrightarrow{QO}$，$\overrightarrow{QN} = \mu \overrightarrow{QO}$，求证：$\dfrac{1}{\lambda} + \dfrac{1}{\mu}$ 为定值.

（1）解：∵ 抛物线 $y^2 = 2px$ 经过点 P（1，2），$4 = 2p$，解得 $p = 2$，

∴ 抛物线的方程为 $y^2 = 4x$.

由题意可知直线 l 的斜率存在且不为 0，设直线 l 的方程为 $y = kx + 1$（$k \neq 0$）.

由 $\begin{cases} y^2 = 4x, \\ y = kx + 1, \end{cases}$ 得 $k^2x^2 + (2k - 4)x + 1 = 0$.

依题意 $\Delta = (2k - 4)^2 - 4 \times k^2 \times 1 > 0$，解得 $k < 0$ 或 $0 < k < 1$.

又 PA，PB 与 y 轴相交，故直线 l 不过点（1，-2），从而 $k \neq -3$.

∴ 直线 l 斜率的取值范围是 $(-\infty, -3) \cup (-3, 0) \cup (0, 1)$.

（2）证明：设 A（x_1，y_1），B（x_2，y_2）.

由（1）知 $x_1 + x_2 = -\dfrac{2k - 4}{k^2}$，$x_1 x_2 = \dfrac{1}{k^2}$.

直线 PA 的方程为 $y - 2 = \dfrac{y_1 - 2}{x_1 - 1}(x - 1)$.

令 $x = 0$，得点 M 的纵坐标为 $y_M = -\dfrac{-y_1 + 2}{x_1 - 1} + 2 = \dfrac{-kx_1 + 1}{x_1 - 1} + 2$.

同理得点 N 的纵坐标为 $y_N = \dfrac{-kx_2 + 1}{x_2 - 1} + 2$.

由 $\overrightarrow{QM} = \lambda \overrightarrow{QO}$，$\overrightarrow{QN} = \mu \overrightarrow{QO}$ 得 $\lambda = 1 - y_M$，$\mu = 1 - y_N$.

$$\therefore \frac{1}{\lambda}+\frac{1}{\mu}=\frac{1}{y_M}+\frac{1}{1-y_N}=\frac{x_1-1}{(k-1)x_1}+\frac{x_2-1}{(k-1)x_2}=\frac{1}{k-1}\cdot\frac{2x_1x_2-(x_1+x_2)}{x_1x_2}$$

$$=\frac{1}{k-1}\cdot\frac{\dfrac{2}{k^2}+\dfrac{2k-4}{k^2}}{\dfrac{1}{k^2}}=2,$$

$\therefore \dfrac{1}{\lambda}+\dfrac{1}{\mu}$ 为定值.

变式 2.1　（2016 全国 I 理）设圆 $x^2+y^2+2x-15=0$ 的圆心为 A，直线 l 过点 $B(1,0)$ 且与 x 轴不重合，直线 l 交圆 A 于 C，D 两点，过点 B 作 AC 的平行线交 AD 于点 E.

（1）证明 $|EA|+|EB|$ 为定值，并写出点 E 的轨迹方程；

（2）设点 E 的轨迹为曲线 C_1，直线 l 交 C_1 于 M，N 两点，过点 B 且与 l 垂直的直线与圆 A 交于 P，Q 两点，求四边形 $MPNQ$ 面积的取值范围.

变式 2.2　（2015 新课标 I 理）在直角坐标系 xOy 中，曲线 C：$y=\dfrac{x^2}{4}$ 与直线 $y=kx+a$（$a>0$）交于 M，N 两点.

（1）当 $k=0$ 时，分别求 C 在点 M 和 N 处的切线方程；

（2）y 轴上是否存在点 P，使得当 k 变动时，总有 $\angle OPM=\angle OPN$？说明理由.

第四节　点驱动下的解题方法

【知识概述】

上一节知识我们讲到，当题目中的条件或问题能利用某直线与圆锥曲线的两个交点坐标表达出来，则可以考虑以直线为驱动源，正确设出直线的方程形式，联立圆锥曲线方程结合韦达定理解决问题．然而，有些条件无法转化为直线与圆锥曲线的两个交点坐标的表达式，为此，本节我们介绍点驱动下的解题方法．

【知识框架】

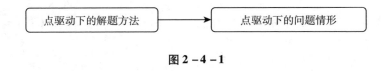

图 2 - 4 - 1

【例题分析】

例 1　（2016 北京理）如图 2 - 4 - 2 所示，已知椭圆 $C: \dfrac{x^2}{a^2} + \dfrac{y^2}{b^2} = 1$ （$a > b$

> 0）的离心率为 $\dfrac{\sqrt{3}}{2}$，$A\,(a,\,0)$，$B\,(0,\,b)$，$O\,(0,\,0)$，$\triangle OAB$ 的面积为 1.

（1）求椭圆 C 的方程式；

（2）设 P 是椭圆 C 上一点，直线 PA 与 y 轴交于点 M，直线 PB 与 x 轴交于点 N.

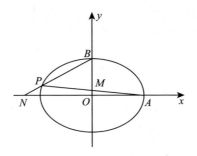

图 2 - 4 - 2

求证：$|AN| \cdot |BM|$ 为定值.

思路分析：所要证明的问题与点 M，N 直接相关，而点 M，N 的坐标分别与点 P 的坐标有关，且可以借助点 P 的坐标表示出来，从而最终确定问题的驱动源为点 P，故考虑设出点 P 的坐标，并结合点 P 在椭圆上证明问题.

（1）解：由题意得 $\begin{cases} \dfrac{c}{a} = \dfrac{\sqrt{3}}{2}, \\ \dfrac{1}{2}ab = 1, \\ a^2 = b^2 + c^2, \end{cases}$ 解得 $a = 2$，$b = 1$.

$\therefore$ 椭圆 C 的方程为 $\dfrac{x^2}{4} + y^2 = 1$.

（2）证明：由（1）知，A（2，0），B（0，1），设 P（x_0，y_0），则 $x_0^2 + 4y_0^2 = 4$.

当 $x_0 \neq 0$ 时，直线 PA 的方程为 $y = \dfrac{y_0}{x_0 - 2}(x - 2)$.

令 $x = 0$，得 $y_M = -\dfrac{2y_0}{x_0 - 2}$. 从而 $|BM| = |1 - y_M| = \left| 1 + \dfrac{2y_0}{x_0 - 2} \right|$.

直线 PB 的方程为 $y = \dfrac{y_0 - 1}{x_0}x + 1$.

令 $y = 0$，得 $x_N = -\dfrac{x_0}{y_0 - 1}$. 从而 $|AN| = |2 - x_N| = \left| 2 + \dfrac{x_0}{y_0 - 1} \right|$.

$|AN| \cdot |BM| = \left| 2 + \dfrac{x_0}{y_0 - 1} \right| \cdot \left| 1 + \dfrac{2y_0}{x_0 - 2} \right|$

$$= \left| \frac{x_0^2 + 4y_0^2 + 4x_0y_0 - 4x_0 - 8y_0 + 4}{x_0y_0 - x_0 - 2y_0 + 2} \right|$$

$$= \left| \frac{4x_0y_0 - 4x_0 - 8y_0 + 8}{x_0y_0 - x_0 - 2y_0 + 2} \right| = 4.$$

当 $x_0 = 0$ 时，$y_0 = -1$，$|BM| = 2$，$|AN| = 2$，$\therefore |AN| \cdot |BM| = 4$.

综上，$|AN| \cdot |BM|$ 为定值.

解题反思

（1）一般地，如果题目中的条件或问题能利用某个点的坐标表达出来，则可以考虑以该点为驱动源，正确设出点的坐标，利用该点坐标关联出其他相关点的坐标或表达问题中的条件解决问题，即点驱动下的解题思想方法.

（2）另外应注意，驱动源点落在圆锥曲线上，满足圆锥曲线的方程，借助圆锥曲线方程联系点的横纵坐标的关系.

例2 （2017 北京文）已知椭圆 C 的两个顶点分别为 A（-2，0），B（2，0），焦点在 x 轴上，离心率为 $\frac{\sqrt{3}}{2}$.

（1）求椭圆 C 的方程式；

（2）点 D 为 x 轴上一点，过点 D 作 x 轴的垂线交椭圆 C 于不同的两点 M，N，过点 D 作 AM 的垂线交 BN 于点 E. 求证：$\triangle BDE$ 与 $\triangle BDN$ 的面积之比为 $4 : 5$.

（1）解：设椭圆 C 的方程为 $\frac{x^2}{a^2} + \frac{y^2}{b^2} = 1$（$a > 0$，$b > 0$）.

由题意得 $\begin{cases} a = 2, \\ \dfrac{c}{a} = \dfrac{\sqrt{3}}{2}, \end{cases}$ 解得 $c = \sqrt{3}$.

$\therefore b^2 = a^2 - c^2 = 1$.

$\therefore$ 椭圆 C 的方程为 $\frac{x^2}{4} + y^2 = 1$.

（2）证明：设 M（m，n），且 $-2 < m < 2$，则 D（m，0），N（m，$-n$）.

直线 AM 的斜率 $k_{AM} = \frac{n}{m+2}$，由 $AM \perp DE$，则 $k_{AM} \cdot k_{DE} = -1$，故直线 DE 的

斜率 $k_{DE} = \dfrac{m+2}{n}$.

∴ 直线 DE 的方程为 $y = -\dfrac{m+2}{n}(x-m)$. 直线 BN 的方程为 $y = \dfrac{n}{2-m}(x-2)$.

联立 $\begin{cases} y = -\dfrac{m+2}{n}(x-m), \\ y = \dfrac{n}{2-m}(x-2), \end{cases}$ 解得点 E 的纵坐标 $y_E = -\dfrac{n(4-m^2)}{4-m^2+n^2}$.

由点 M 在椭圆 C 上, 得 $4 - m^2 = 4n^2$. ∴ $y_E = -\dfrac{4}{5}n$.

又 $S_{\triangle BDE} = \dfrac{1}{2}|BD| \cdot |y_E| = \dfrac{2}{5}|BD| \cdot |n|$, $S_{\triangle BDN} = \dfrac{1}{2}|BD| \cdot |n|$, ∴

$\triangle BDE$ 与 $\triangle BDN$ 的面积之比为 $4 : 5$.

变式2.1　（2016 山东文）如图 $2-4-3$ 所示, 已知椭圆 $C: \dfrac{x^2}{a^2} + \dfrac{y^2}{b^2} = 1$

$(a > b > 0)$ 的长轴长为 4, 焦距为 $2\sqrt{2}$.

（1）求椭圆 C 的方程.

（2）过动点 $M(0, m)$ $(m > 0)$ 的直线交 x 轴于点 N, 交椭圆 C 于点 A,

P（P 在第一象限）, 且 M 是线段 PN 的中点. 过点 P 作 x 轴的垂线交 C 于另一

点 Q, 延长 QM 交 C 于点 B.

① 设直线 PM, QM 的斜率分别为 k, k', 证明 $\dfrac{k'}{k}$ 为定值;

② 求直线 AB 的斜率的最小值.

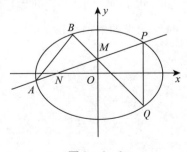

图 $2-4-3$

变式 2.2 （2014 陕西文理）如图 2 – 4 – 4，曲线 C 由上半椭圆 C_1：$\dfrac{y^2}{a^2}+\dfrac{x^2}{b^2}=1$（$a>b>0$，$y\geq 0$）和部分抛物线 C_2：$y=-x^2+1$（$y\leq 0$）连接而成，C_1，C_2 的公共点为 A，B，其中 C_1 的离心率为 $\dfrac{\sqrt{3}}{2}$.

（1）求 a，b 的值；

（2）过点 B 的直线 l 与 C_1，C_2 分别交于 P，Q（均异于点 A，B），若 $AP\perp AQ$，求直线 l 的方程.

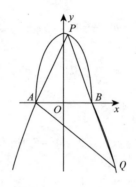

图 2 – 4 – 4

变式 2.3 （2016 全国 Ⅱ 理）已知椭圆 E：$\dfrac{x^2}{t}+\dfrac{y^2}{3}=1$ 的焦点在 x 轴上，A 是 E 的左顶点，斜率为 k（$k>0$）的直线交 E 于 A，M 两点，点 N 在 E 上，$MA\perp NA$.

（1）当 $t=1$，$|AM|=|AN|$ 时，求 $\triangle AMN$ 的面积；

（2）当 $2|AM|=|AN|$ 时，求 k 的取值范围.

第五节　两根不对称式问题的处理方法

【知识概述】

前面的知识我们讲到，当题目中的条件或问题能利用某直线与圆锥曲线的两个交点坐标表达出来时，则可以考虑以直线为驱动源，正确设出直线的方程形式，联立圆锥曲线方程结合韦达定理解决问题．然而，有些问题转化为坐标表达后关于两根的表达式不对称，这对使用韦达定理解决问题造成一定的障碍．

一般地，如果关于两根 x_1，x_2（或者 y_1，y_2）的表达式互换下标后表达式不变，则我们称该表达式为两根对称式．例如表达式 $\dfrac{1}{x_1} + \dfrac{1}{x_2}$；$\dfrac{y_1}{x_1 - 2} + \dfrac{y_2}{x_2 - 2}$；$\dfrac{x_1 y_2 - x_2 y_1}{x_1 - x_2}$ 等．如果关于两根 x_1，x_2（或者 y_1，y_2）的表达式互换下标后表达式变化，则我们称该表达式为两根不对称式．例如表达式 $\dfrac{x_1}{x_2}$；$\dfrac{3x_1 x_2 + 2x_1 - x_2}{2x_1 x_2 - x_1 + x_2}$；$\dfrac{y_2(x_1 - 1)}{y_1(x_2 + 1)}$ 等．若两根表达式对称，一般可通过简单的化简后转化为韦达定理；否则，需要掌握一些变形技巧及相关知识，本专题将重点介绍解析几何两根不对称式问题的处理策略．

【知识框架】

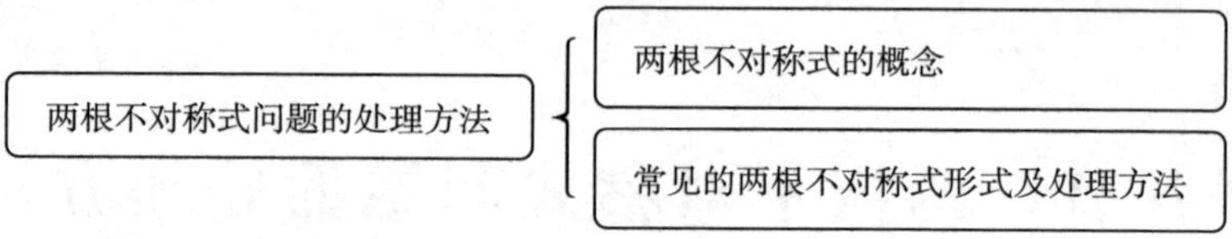

$$
\boxed{\text{两根不对称问题的处理方法}}\left\{
\begin{array}{l}
\boxed{\text{两根不对称式的概念}} \\
\boxed{\text{常见的两根不对称形式及处理方法}}
\end{array}
\right.
$$

图 2 - 5 - 1

【例题分析】

例1 设双曲线 $C: \dfrac{x^2}{a^2} - y^2 = 1$（$a > 0$）与直线 $l: x + y = 1$ 相交于两个不同的点 A，B，直线 l 与 y 轴交于点 P，且 $\overrightarrow{PA} = \dfrac{5}{12}\overrightarrow{PB}$，求 a 的值.

解析：设 $A(x_1, y_1)$，$B(x_2, y_2)$，$P(0, 1)$，

$\because \overrightarrow{PA} = \dfrac{5}{12}\overrightarrow{PB}$，$\therefore (x_1, y_1 - 1) = \dfrac{5}{12}(x_2, y_2 - 1)$，则 $x_1 = \dfrac{5}{12}x_2$.

联立 $\begin{cases} x + y = 1, \\ \dfrac{x^2}{a^2} - y^2 = 1, \end{cases}$ 消去 y 并整理得 $(1 - a^2)x^2 + 2a^2x - 2a^2 = 0$.

$\because A$，B 是不同的两点，

$\therefore \begin{cases} 1 - a^2 \neq 0, \\ 4a^4 + 8a^2(1 - a^2) > 0, \end{cases}$

$\therefore 0 < a < \sqrt{2}$ 且 $a \neq 1$.

又 $x_1 + x_2 = -\dfrac{2a^2}{1 - a^2}$，$x_1 x_2 = -\dfrac{2a^2}{1 - a^2}$，

则 $\dfrac{x_1}{x_2} + \dfrac{x_2}{x_1} = \dfrac{x_1^2 + x_2^2}{x_1 x_2} = \dfrac{(x_1 + x_2)^2 - 2x_1 x_2}{x_1 x_2} = \dfrac{5}{12} + \dfrac{12}{5}$.

化简得 $-\dfrac{2a^2}{1 - a^2} = \dfrac{289}{60}$，$\therefore a = \pm\dfrac{17}{13}$. $\because 0 < a < \sqrt{2}$ 且 $a \neq 1$，$\therefore a = \dfrac{17}{13}$.

解题反思

（1）条件中出现 $\dfrac{x_1}{x_2} = \lambda$，则可考虑构造对称 $\dfrac{x_1}{x_2} + \dfrac{x_2}{x_1} = \lambda + \dfrac{1}{\lambda}$，进而将两根表达式变形为两根和与积的形式，结合韦达定理解决问题．

（2）一般地，设 x_1，x_2 为一元二次方程 $ax^2 + bx + c = 0$ 的两根满足 $\dfrac{x_1}{x_2} = \lambda$，则 $\dfrac{b^2}{ac} = \lambda + \dfrac{1}{\lambda} + 2$，我们称上述等式为两根之比的韦达定理．

变式 1.1　（2019 全国一卷改编）如图 2-5-2 所示，已知抛物线 $C : y^2 = 3x$，过点 $P(1,0)$ 的直线 l 与抛物线 C 交于点 A，B，若 $\overrightarrow{AP} = 3\overrightarrow{PB}$，求直线 l 的方程．

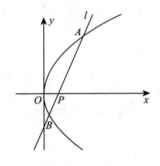

图 2-5-2

变式 1.2　已知抛物线 $C : y^2 = 4x$，F 是 C 的焦点，过点 F 的直线 l 与 C 相交于 A，B 两点，且 $\overrightarrow{FB} = \lambda \overrightarrow{AF}$，$\lambda \in [4,9]$，求 l 在 y 轴上截距的取值范围．

例 2　（四川成都一诊）如图 2-5-3 所示，已知椭圆 $C : \dfrac{x^2}{2} + y^2 = 1$，$F$ 为 C 的右焦点，过 F 且不与 x 轴重合的直线 l 与 C 交于 A，B 两点，过 A 作 $x = 2$ 直线的垂线，垂足为 D，证明：直线 BD 过定点．

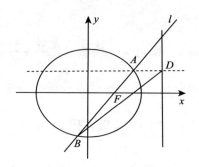

图 2 - 5 - 3

证明：设 $A(x_1, y_1)$，$B(x_2, y_2)$，则 $D(2, y_1)$．

又直线 l 过点 F 且不与 x 轴重合，设 l：$x = ty + 1$，

联立 $\begin{cases} x = ty + 1, \\ \dfrac{x^2}{2} + y^2 = 1, \end{cases}$ 消去 x 得 $(2 + t^2) y^2 + 2ty - 1 = 0$．

$\because y_1 + y_2 = -\dfrac{2t}{2 + t^2}$，$y_1 y_2 = -\dfrac{1}{2 + t^2}$，则 $y_1 + y_2 = 2t y_1 y_2$．

根据对称性易知直线 BD 所过定点必在 x 轴上，设定点 $E(m, 0)$．

由 B，E，D 三点共线得：

$$m = \frac{2y_2 - x_2 y_1}{y_2 - y_1} = \frac{2y_2 - (ty_2 + 1) y_1}{y_2 - y_1} = \frac{2y_2 - y_1 - t y_1 y_2}{y_2 - y_1} = \frac{\dfrac{3}{2}(y_2 - y_1)}{y_2 - y_1} = \frac{3}{2},$$

故直线 BD 过定点 $E\left(\dfrac{3}{2}, 0\right)$．

解题反思

一般地，形如 $\dfrac{mx_1 x_2 + nx_1 + px_2 + q}{ax_1 x_2 + bx_1 + cx_2 + d}$ 的两根不对称式，可以尝试通过寻找

$\dfrac{mx_1 x_2 + nx_1 + px_2 + q}{ax_1 x_2 + bx_1 + cx_2 + d}$ 与 $x_1 + x_2$ 的关系，进一步化简计算．

变式 2.1 已知椭圆 E 的中心在坐标原点，焦点在坐标轴上，且经过 $A(-2, 0)$，

$B(2, 0)$，$C\left(1, \dfrac{3}{2}\right)$ 三点．过椭圆的右焦点 F 任作不与坐标轴平行的直线 l 与椭圆 E

交于 M，N 两点，AM 与 BN 所在的直线交于点 Q．

（1）求椭圆 E 的方程；

（2）是否存在这样的直线 m，使得点 Q 恒在直线 m 上移动？若存在，求出直线 m 的方程；若不存在，请说明理由．

例 3　已知 A，B 为椭圆 $\dfrac{x^2}{4}+y^2=1$ 的左、右顶点，过点 M（-1，0）作斜率为 k 的直线 l 交椭圆于 C，D 两点．求证：$\dfrac{k_{AD}}{k_{BC}}$ 为定值．

证明：易知直线 l 的斜率不为 0，设 l：$x=ty-1$，C（x_1，y_1），D（x_2，y_2），

联立 $\begin{cases} \dfrac{x^2}{4}+y^2=1, \\ x=ty-1 \end{cases}$ 消去 x 整理得（t^2+4）$y^2-2ty-3=0$，

$y_1+y_2=\dfrac{2t}{t^2+4}$，$y_1y_2=\dfrac{-3}{t^2+4}$.

又 $\dfrac{x_1^2}{4}+y_1^2=1$，则 $\dfrac{x_1-2}{y_1}=-\dfrac{1}{4}\cdot\dfrac{y_1}{x_1+2}$，

所以 $\dfrac{k_{AD}}{k_{BC}}=\dfrac{\dfrac{y_2}{x_2+2}}{\dfrac{y_1}{x_1-2}}=\dfrac{y_2}{x_2+2}\cdot\dfrac{x_1-2}{y_1}=\dfrac{-4y_1y_2}{(x_1+2)(x_2+2)}=\dfrac{-4y_1y_2}{(ty_1+1)(ty_2+1)}$

$=3$.

解题反思

（1）在某些情况下，可以考虑利用二次曲线方程进行代换变形，实现将不对称式变形为对称式；

（2）一般地，椭圆 $\dfrac{x^2}{a^2}+\dfrac{y^2}{b^2}=1$ 上的点（除端点外）到长轴端点（短轴端点）组成的两线段的斜率之积为定值，即 $k_{PA_1}\cdot k_{PA_2}=\dfrac{y}{x+a}\cdot\dfrac{y}{x-a}=-\dfrac{b^2}{a^2}$ 或

$k_{PB_1} \cdot k_{PB_2} = \dfrac{y-b}{x} \cdot \dfrac{y+b}{x} = -\dfrac{b^2}{a^2}$，这是实现将不对称式变形为对称式的关键.

变式 3.1 （2011 四川理）如图 $2-5-4$ 所示，椭圆上有两顶点 A（-1，0），B（1，0），过焦点 F（0，1）的直线 l 与椭圆交于 C，D 两点，并与 x 轴交于点 P，直线 AC 与直线 BD 交于点 Q，当点 P 异于 A，B 两点时，求证：$\overrightarrow{OP} \cdot \overrightarrow{OQ}$ 为定值.

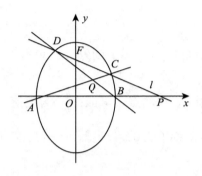

图 $2-5-4$

变式 3.2 如图 $2-5-5$ 所示，已知椭圆 $x^2 + \dfrac{y^2}{4} = 1$ 的左、右顶点为 A，B，直线 l：$y = kx + 1$ 交椭圆于 C，D 两点，设直线 AD，BC 的斜率分别为 k_1，k_2，且 $k_1 : k_2 = 2 : 1$，求直线 l 的斜率 k.

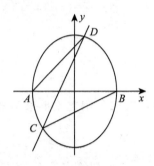

图 $2-5-5$

第三章

运算技巧篇

知识结构

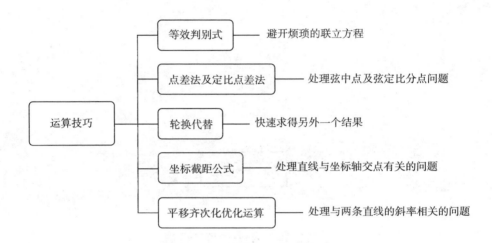

解析几何研究问题的思想方法决定了其离不开必要的代数运算，为避免想得到却算不完的尴尬局面，本章知识重点介绍一些常用的计算公式以及运算方法，以提高运算的效率与正确率，增加克服困难的勇气与增强求解问题的信心.

第一节 等效判别式及其应用

【知识概述】

利用代数思想处理直线与圆锥曲线的综合问题时，往往需要联立直线与圆锥曲线的方程，进而计算判别式，再结合韦达定理解决问题．这里面的计算过程机械且烦琐，为此我们从一般角度出发，探究一般判别式的结构，并提出等效判别式的概念．

【知识框架】

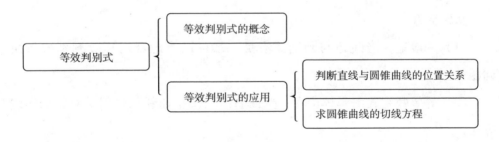

图 3 - 1 - 1

【知识探究】

设直线 l 的方程：$Ax + By + C = 0$，椭圆 C：$\dfrac{x^2}{a^2} + \dfrac{y^2}{b^2} = 1$，

联立 $\begin{cases} Ax + By + C = 0, \\ \dfrac{x^2}{a^2} + \dfrac{y^2}{b^2} = 1 \end{cases}$ 消去 y 得 $(a^2A^2 + b^2B^2)\, x^2 + 2a^2AC + a^2C^2 - a^2b^2$

$B^2 = 0$,

$$\Delta = 4a^4A^2C^2 - 4(a^2A^2 + b^2B^2)(a^2c^2 - a^2b^2B^2) = 4a^2b^2B^2(a^2A^2 + b^2B^2 - C^2).$$

上述推导过程告诉我们：Δ 的符号由 $a^2A^2 + b^2B^2 - C^2$ 确定，故我们称式子 $a^2A^2 + b^2B^2 - C^2$ 为等效判别式，记为 Δ'.

同理可得直线与双曲线的等效判别式 $\Delta' = C^2 + b^2B^2 - a^2A^2$.

注：利用等效判别式可以避开联立方程直接判断直线与圆锥曲线的位置关系.

【例题分析】

例 1 经过点（1，1）与椭圆 $\dfrac{x^2}{4} + y^2 = 1$ 相切的直线方程为_____.

解析：易知切线的斜率存在，设切线 l: $y - 1 = k(x - 1)$，即 $kx - y + 1 - k = 0$.

由于 $k = -\dfrac{2}{3}$，则 $\Delta' = 0$，即 $4k^2 + 1 - (1 - k)^2 = 0$，解得 $k = 0$ 或 $k = -\dfrac{2}{3}$.

故切线方程为 $y = 1$ 或 $y = -\dfrac{2}{3}x + \dfrac{5}{3}$.

解题反思

（1）一般地，当问题与判别式有关，都可以考虑利用等效判别式解决问题；

（2）等效判别式的具体应用：判断直线与圆锥曲线的位置关系、求切线方程；

（3）利用等效判别式可以避开联立方程，提高解题效率.

变式 1. 1 若直线 $y = kx + 2$ 和曲线 $2x^2 + 3y^2 = 6$ 有两个公共点，则 k 的取值范围为_____.

变式 1. 2 若直线 $y = kx + 2$ 与椭圆 $\dfrac{x^2}{9} + \dfrac{y^2}{m} = 1$ 恒有公共交点，则 m 的取值范围为_____.

变式 1. 3 椭圆 $\dfrac{x^2}{25} + \dfrac{y^2}{9} = 1$ 上的点到直线 $4x - 5y + 40 = 0$ 的距离最小值为

_____.

变式 1.4　（2014 广东）已知椭圆 $C: \dfrac{x^2}{a^2} + \dfrac{y^2}{b^2} = 1$（$a > b > 0$）的一个焦点为

$(\sqrt{5}, 0)$，离心率为 $\dfrac{\sqrt{5}}{3}$.

（1）求椭圆 C 的标准方程式；

（2）若动点 $P(x_0, y_0)$ 为椭圆外一点，且点 P 到椭圆 C 的两条切线互相垂直，求点 P 的轨迹方程.

第二节　点差法及定比点差法的应用

【知识概述】

本节知识我们介绍与有心（即具有对称中心）圆锥曲线的弦中点或者定比分点有关的问题，并相应提出点差法及定比点差法的运算技巧.

【知识框架】

图 3 – 2 – 1

【例题分析】

例 1　已知直线 l 被椭圆 $\dfrac{x^2}{36} + \dfrac{y^2}{9} = 1$ 所截得的弦中点 P（4，2），直线 l 的方程为_____.

解析：设直线 l 与椭圆 $\dfrac{x^2}{36} + \dfrac{y^2}{9} = 1$ 交于 A（x_1，y_1），B（x_2，y_2），

则 $\begin{cases} \dfrac{x_1^2}{36} + \dfrac{y_1^2}{9} = 1, \\ \dfrac{x_2^2}{36} + \dfrac{y_2^2}{9} = 1, \end{cases}$ 两式相减得 $\dfrac{(x_1 - x_2)(x_1 + x_2)}{36} + \dfrac{(y_1 - y_2)(y_1 + y_2)}{9} = 0$，

即 $\dfrac{(y_1 - y_2)}{(x_1 - x_2)} \dfrac{(y_1 + y_2)}{(x_1 + x_2)} = -\dfrac{9}{36} = -\dfrac{1}{4}$，故 $k_{AB} \cdot \dfrac{2}{4} = -\dfrac{1}{4}$，所以 $k_{AB} = -\dfrac{1}{2}$，

故直线 l 的方程为 $x + 2y - 8 = 0$.

解题反思

一般地，如果问题与圆锥曲线的弦中点有关，则可以采取设点——代入——作差的步骤求得相关的量，进而解决问题，并且称该方法为点差法.

【知识归纳】

（1）一般地，设椭圆 $\dfrac{x^2}{a^2} + \dfrac{y^2}{b^2} = 1$，则以点 $P(x_0, y_0)$ 为中点的弦所在的直线方程为 $\dfrac{xx_0}{a^2} + \dfrac{yy_0}{b^2} = \dfrac{x_0^2}{a^2} + \dfrac{y_0^2}{b^2}$；经过点 $P(x_0, y_0)$ 的直线被椭圆截得的弦中点的轨迹方程为 $\dfrac{x^2}{a^2} + \dfrac{y^2}{b^2} = \dfrac{xx_0}{a^2} + \dfrac{yy_0}{b^2}$.

（2）设直线被有心圆锥曲线截得的弦 AB 的中点为 $P(x_0, y_0)$，则 $k_{AB} \cdot k_{OP} = e^2 - 1$，其中 e 为有心圆锥曲线的离心率.

例 2　（2015 浙江理节选）已知椭圆 $\dfrac{x^2}{2} + y^2 = 1$ 上两个不同的点 A，B 关于直线 $y = mx + \dfrac{1}{2}$ 对称，求实数 m 的取值范围.

解：设 $A(x_1, y_1)$，$B(x_2, y_2)$，弦 AB 的中点 $P(x_0, y_0)$，

则 $k_{AB} \cdot k_{OP} = -\dfrac{1}{2}$，即 $-\dfrac{1}{m} \cdot \dfrac{y_0}{x_0} = -\dfrac{1}{2}$，则 $y_0 = \dfrac{m}{2} x_0$.

又 $P(x_0, y_0)$ 在直线 $y = mx + \dfrac{1}{2}$ 上，解得 $P\left(-\dfrac{1}{m}, -\dfrac{1}{2}\right)$.

又因为 $P\left(-\dfrac{1}{m}, -\dfrac{1}{2}\right)$ 在椭圆 $\dfrac{x^2}{2} + y^2 = 1$ 内，

则 $\dfrac{\left(-\dfrac{1}{m}\right)^2}{2} + \left(-\dfrac{1}{2}\right)^2 < 1$，解得 $m \in \left(-\infty, -\dfrac{\sqrt{6}}{3}\right) \cup \left(\dfrac{\sqrt{6}}{3}, +\infty\right)$.

变式 2.1　（2014 江西文理）过点 $M(1, 1)$ 作斜率为 $-\dfrac{1}{2}$ 的直线与椭圆

C：$\dfrac{x^2}{a^2} + \dfrac{y^2}{b^2} = 1$（$a > b > 0$）相交于 A，B 两点，若 M 是线段 AB 的中点，则椭圆 C 的离心率 e 等于_____．

变式 2.2 已知椭圆 C：$\dfrac{x^2}{4} + \dfrac{y^2}{3} = 1$，试确定 m 的取值范围，使得对于直线 l：$y = 4x + m$，椭圆 C 上有不同两点关于这条直线对称．

变式 2.3 设过椭圆 $\dfrac{x^2}{2} + y^2 = 1$ 左焦点 F 且不与坐标轴垂直的直线交椭圆于 A，B 两点，线段 AB 的垂直平分线与 x 轴交于点 G，求点 G 的横坐标的取值范围．

例 3（2008 安徽理）如图 3 - 2 - 2 所示，设椭圆 $\dfrac{x^2}{a^2} + \dfrac{y^2}{b^2} = 1$（$a > b > 0$）过点 $M(\sqrt{2}, 1)$，且左焦点为 $F_1(-\sqrt{2}, 0)$．

（1）求椭圆 C 的方程；

（2）当过点 $P(4, 1)$ 的动直线 l 与椭圆 C 交于两个不同点 A，B 时，在线段 AB 上取点 Q，满足 $|\overrightarrow{AP}| \cdot |\overrightarrow{QB}| = |\overrightarrow{AQ}| \cdot |\overrightarrow{PB}|$，证明：点 Q 总在某定直线上．

（1）解：依题意知 $\begin{cases} \dfrac{2}{a^2} + \dfrac{1}{b^2} = 1, \\ c = \sqrt{2}, \end{cases}$ 解得 $\begin{cases} a^2 = 4, \\ b^2 = 2, \end{cases}$ 故椭圆 C 的方程为 $\dfrac{x^2}{4} + \dfrac{y^2}{2} = 1$．

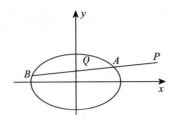

图 3 - 2 - 2

（2）证明：设 $A(x_1, y_1)$，$B(x_2, y_2)$，$Q(x, y)$，

已知 $|\overrightarrow{AP}| \cdot |\overrightarrow{QB}| = |\overrightarrow{AQ}| \cdot |\overrightarrow{PB}|$，设 $\dfrac{|\overrightarrow{AP}|}{|\overrightarrow{PB}|} = \dfrac{|\overrightarrow{AQ}|}{|\overrightarrow{QB}|} = \lambda$，

则 $\overrightarrow{AP} = -\lambda \overrightarrow{PB}$，$\overrightarrow{AQ} = \lambda \overrightarrow{QB}$，

故 $\begin{cases} 4 = \dfrac{x_1 - \lambda x_2}{1 - \lambda}, \\ 1 = \dfrac{y_1 - \lambda y_2}{1 - \lambda}, \end{cases}$ $\begin{cases} x = \dfrac{x_1 - \lambda x_2}{1 - \lambda}, \\ y = \dfrac{y_1 - \lambda y_2}{1 - \lambda}, \end{cases}$ 又 $\begin{cases} \dfrac{x_1^2}{4} + \dfrac{y_1^2}{2} = 1, \\ \dfrac{x_2^2}{4} + \dfrac{y_2^2}{2} = 1, \end{cases}$ 则 $\begin{cases} \dfrac{x_1^2}{4} + \dfrac{y_1^2}{2} = 1, \\ \dfrac{\lambda^2 x_2^2}{4} + \dfrac{\lambda^2 y_2^2}{2} = \lambda^2. \end{cases}$

两式相减得 $\dfrac{1}{4} \dfrac{(x_1 - \lambda x_2)(x_1 + \lambda x_2)}{(1 - \lambda)(1 + \lambda)} + \dfrac{1}{2} \dfrac{(y_1 - \lambda y_2)(y_1 + \lambda y_2)}{(1 - \lambda)(1 + \lambda)} = 1$.

故点 Q 总在某定直线 $\dfrac{4x}{4} + \dfrac{y}{2} = 1$ 上，即直线 $2x + y - 2 = 0$ 上.

解题反思

（1）定比点差法：一般地，设 $A(x_1, y_1)$，$B(x_2, y_2)$ 有心二次曲线 $\dfrac{x^2}{a^2} \pm \dfrac{y^2}{b^2}$

$= 1$ 上，$\overrightarrow{AP} = \lambda \overrightarrow{PB}$（$\lambda \neq -1$），则 $\dfrac{1}{a^2} \dfrac{(x_1 - \lambda x_2)(x_1 + \lambda x_2)}{(1 - \lambda)(1 + \lambda)} \pm \dfrac{1}{b^2} \dfrac{(y_1 - \lambda y_2)(y_1 + \lambda y_2)}{(1 - \lambda)(1 + \lambda)}$

$= 1$；

（2）一般地，设 $A(x_1, y_1)$，$B(x_2, y_2)$ 在有心二次曲线 $\dfrac{x^2}{a^2} \pm \dfrac{y^2}{b^2} = 1$ 上，

点 $P(x_P, y_P)$，$Q(x_Q, y_Q)$ 分别为线段 AB 的内外分点，即满足 $\dfrac{|\overrightarrow{AP}|}{|\overrightarrow{PB}|} = \dfrac{|\overrightarrow{AQ}|}{|\overrightarrow{QB}|}$

或者 $\overrightarrow{AP} = -\lambda \overrightarrow{PB}$，$\overrightarrow{AQ} = \lambda \overrightarrow{QB}$，则 $\dfrac{x_P x_Q}{a^2} \pm \dfrac{y_P y_Q}{b^2} = 1$；

（3）A（x_1，y_1），B（x_2，y_2）在有心二次曲线 $\dfrac{x^2}{a^2} \pm \dfrac{y^2}{b^2} = 1$ 上，且直线 AB 恒过点 P（x_0，y_0），动点 Q（x，y）满足 $\dfrac{|\overrightarrow{AP}|}{|\overrightarrow{PB}|} = \dfrac{|\overrightarrow{AQ}|}{|\overrightarrow{QB}|}$，则动点 Q（x，y）在定直线 $\dfrac{x_0 x}{a^2} \pm \dfrac{y_0 y}{b^2} = 1$ 上．

例 4（2011 浙江文理）设 F_1，F_2 分别为椭圆 $\dfrac{x^2}{3} + y^2 = 1$ 的左、右焦点，点 A，B 在椭圆上，若 $\overrightarrow{F_1 A} = 5\overrightarrow{F_2 B}$，则点 A 的坐标是_____．

解析：已知 $\overrightarrow{F_1 A} = 5\overrightarrow{F_2 B}$，如图 3-2-3 所示，根据对称性知 $\overrightarrow{AF_1} = 5\overrightarrow{F_1 C}$．

设 A（x_1，y_1），C（x_2，y_2），则 F_1（$-\sqrt{2}$，0）．

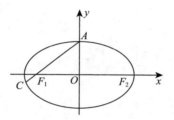

图 3-2-3

由定比点差法得：$\dfrac{1}{3} \dfrac{(x_1 - 5x_2)(x_1 + 5x_2)}{(1-5)(1+5)} + \dfrac{(y_1 - 5y_2)(y_1 + 5y_2)}{(1-5)(1+5)} = 1$，

即 $\dfrac{1}{3} \dfrac{(x_1 - 5x_2)}{(1-5)}(-\sqrt{2}) + \dfrac{(y_1 - 5y_2)}{(1-5)} \cdot 0 = 1$，化简得 $x_1 - 5x_2 = 6\sqrt{2}$．

结合 $\dfrac{x_1 + 5x_2}{1+5} = -\sqrt{2}$，即 $x_1 + 5x_2 = -6\sqrt{2}$，解得 $x_1 = 0$，故点 A 的坐标是 （0，± 1）．

解题反思

（1）如果问题背景与定比分点有关，则可以考虑利用定比点差法解决问题；

（2）利用定比点差法以及定比分点公式可以快速建立 A，B 两点坐标与其定比分点坐标的关系．

变式 4.1 已知椭圆 $\dfrac{x^2}{5}+\dfrac{y^2}{4}=1$，过定点 P（0，3）的直线与椭圆交于 A，B

不同两点，求 $\left|\dfrac{PA}{PB}\right|$ 的取值范围.

变式 4.2 如图 3 - 2 - 4 所示，已知过点 $P(2，1)$ 的直线 l_1，l_2 与椭圆 $\dfrac{x^2}{4}+$

$\dfrac{y^2}{3}=1$ 相交于点 A，C 与点 B，D，且 $\overrightarrow{AP}=2\overrightarrow{PC}$，$\overrightarrow{BP}=2\overrightarrow{PD}$，求直线 AB 的方程.

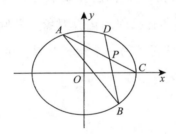

图 3 - 2 - 4

第三节　轮换代替及其应用

【知识概述】

我们知道解析几何的综合问题普遍具有字母多、运算量大、运算程序复杂的特点．因此，如何简化运算，提高运算效率与准确率是解析几何亟待解决的问题．如果两个运算问题具有相同的运算对象、共同的运算方法与运算程序，则可以灵活使用代换的方法得到另一个运算结果，也就是本节我们要学习的内容——轮换代替．

【知识框架】

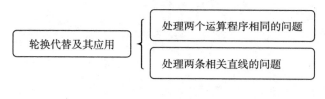

图 3 – 3 – 1

【例题分析】

例 1 （2016 全国Ⅱ理）已知椭圆 E：$\dfrac{x^2}{t}+\dfrac{y^2}{3}=1$ 的焦点在 x 轴上，A 是 E 的左顶点，斜率为 k（$k>0$）的直线交 E 于 A，M 两点，点 N 在 E 上，$MN \perp NA$.

（1）当 $t=4$，$|AM|=|AN|$ 时，求 $\triangle AMN$ 的面积；

（2）当 $2|AM|=|AN|$ 时，求 k 的取值范围.

解：（1）设 M $(x_1,\ y_1)$，则由题意知 $y_1>0$.

当 $t=4$ 时，椭圆 E 的方程为 $\dfrac{x^2}{4}+\dfrac{y^2}{3}=1$，$A$ 点坐标为 $(-2,\ 0)$，

由已知及椭圆的对称性知，直线 AM 的倾斜角为 $\dfrac{\pi}{4}$. 因此直线 AM 的方程为

$y=x+2$.

将 $x=y-2$ 代入 $\dfrac{x^2}{4}+\dfrac{y^2}{3}=1$ 得 $7y^2-12y=0$，解得 $y=0$ 或 $y=\dfrac{12}{7}$，所以 $y_1=$

$\dfrac{12}{7}$.

所以 $\triangle AMN$ 的面积为 $S_{\triangle AMN}=\dfrac{1}{2}\,|AM|^2=2\times\dfrac{1}{2}\times\dfrac{12}{7}\times\dfrac{12}{7}=\dfrac{144}{49}$.

（2）由题意知 $t>3$，$k>0$，A $(-\sqrt{t},\ 0)$，则直线 AM 的方程为 $y=$

k $(x+\sqrt{t})$，

联立 $\begin{cases}\dfrac{x^2}{t}+\dfrac{y^2}{3}=1,\\ y=k\ (x+\sqrt{t})\end{cases}$ 并整理得 $(3+tk^2)\ x^2+2t\sqrt{t}k^2x+t^2k^2-3t=0$，

解得 $x=-\sqrt{t}$ 或 $x=-\dfrac{t\sqrt{t}k^2-3\sqrt{t}}{3+tk^2}$.

所以 $|AM|=\sqrt{1+k^2}\left|-\dfrac{t\sqrt{t}k^2-3\sqrt{t}}{3+tk^2}+\sqrt{t}\right|=\sqrt{1+k^2}\cdot\dfrac{6\sqrt{t}}{3+tk^2}$，由题意知 $MA\perp$

NA，所以 AN 的方程为 $y=-\dfrac{1}{k}$ $(x+\sqrt{t})$，同理可得 $|AN|=\dfrac{6k\ \sqrt{t\ (1+k^2)}}{3k^2+t}$. 由

$2\,|AM|=|AN|$，得 $\dfrac{2}{3+tk^2}=\dfrac{k}{3k^2+t}$，即 $(k^3-2)\ t=3k\ (2k-1)$.

当 $k=3\sqrt{2}$ 时上式不成立，因此 $t=\dfrac{6k^2-3k}{k^3-2}$.

因为 $t>3$，即 $\dfrac{6k^2-3k}{k^3-2}>3$，整理得 $\dfrac{(k^2+1)\ (k-2)}{k^3-2}<0$，即 $\dfrac{k-2}{k^3-2}<0$，解得

$\sqrt[3]{2}<k<2$.

解题反思

（1）上述解题中，由于 $|AN|$ 与 $|AM|$ 的求解过程具有相同的运算过程，因此可以利用轮换代替快速求得另一个结果；

（2）一般地，涉及两条相关直线（具有某个共同特征的两条直线）的问题一般都可以使用轮换代替快速求得另一个结果.

变式 1.1 （2017 新课标 I 理）已知 F 为抛物线 C：$y^2 = 4x$ 的焦点，过 F 作两条互相垂直的直线 l_1，l_2，直线 l_1 与 C 交于 A，B 两点，直线 l_2 与 C 交于 D，E 两点，则 $|AB| + |DE|$ 的最小值为（　　　）

A. 16　　　　　　　B. 14　　　　　　　C. 12　　　　　　　D. 10

变式 1.2 过双曲线 C：$\dfrac{x^2}{a^2} - \dfrac{y^2}{b^2} = 1$ 的左顶点 A 作斜率为 1 的直线 l，若 l 与双曲线的两条渐近线分别交于 B，C 两点，且 $|AB| = |BC|$，则双曲线的离心率为_____.

例2 （2018 北京文 20）已知椭圆 M：$\dfrac{x^2}{a^2} + \dfrac{y^2}{b^2} = 1$（$a > b > 0$）的离心率为 $\dfrac{\sqrt{6}}{3}$，焦距为 $2\sqrt{2}$，斜率为 k 的直线 l 与椭圆 M 有两个不同的交点 A，B.

（1）求椭圆 M 的方程；

（2）若 $k = 1$，求 $|AB|$ 的最大值；

（3）设 P（-2，0），直线 PA 与椭圆 M 的另一个交点为 C，直线 PB 与椭圆 M 的另一个交点为 D，若 C，D 和点 $Q\left(-\dfrac{7}{4}, \dfrac{1}{4}\right)$ 共线，求 k 的值.

解：（1）由题意得 $2c = 2\sqrt{2}$，$\therefore c = \sqrt{2}$.

又 $e = \dfrac{c}{a} = \dfrac{\sqrt{6}}{3}$，$\therefore a = \sqrt{3}$，$\therefore b^2 = a^2 - c^2 = 1$，$\therefore$ 椭圆 M 的标准方程为 $\dfrac{x^2}{3} + y^2 = 1$.

（2）设 A（x_1，y_1），B（x_2，y_2），直线 AB 的方程为 $y=x+m$，

由 $\begin{cases} y=x+m, \\ \dfrac{x^2}{3}+y^2=1, \end{cases}$ 消去 y 可得 $4x^2+6mx+3m^2-3=0$，

则 $\Delta=36m^2-4\times 4$（$3m^2-3$）$=48-12m^2>0$，即 $m^2<4$，

则 $x_1+x_2=-\dfrac{3m}{2}$，$x_1x_2=\dfrac{3m^2-3}{4}$，

则 $|AB|=\sqrt{1+k^2}\,|x_1-x_2|=\sqrt{1+k^2}\cdot\sqrt{(x_1+x_2)^2-4x_1x_2}=\dfrac{\sqrt{6}\times\sqrt{4-m^2}}{2}$，

易得当 $m^2=0$ 时，$|AB|_{\max}=\sqrt{6}$，故 $|AB|$ 的最大值为 $\sqrt{6}$.

（3）设 A（x_1，y_1），B（x_2，y_2），C（x_3，y_3），D（x_4，y_4），

则 $x_1^2+3y_1^2=3$　①，$x_2^2+3y_2^2=3$　②，

又 P（-2，0），$\therefore$ 可设 $k_1=k_{PA}=\dfrac{y_1}{x_1+2}$，直线 PA 的方程为 $y=k_1(x+2)$，

由 $\begin{cases} y=k_1(x+2), \\ \dfrac{x^2}{3}+y^2=1 \end{cases}$ 消去 y 可得（$1+3k_1^2$）$x^2+12k_1^2x+12k_1^2-3=0$，

则 $x_1+x_3=-\dfrac{12k_1^2}{1+3k_1^2}$，即 $x_3=-\dfrac{12k_1^2}{1+3k_1^2}-x_1$，

又 $k_1=\dfrac{y_1}{x_1+2}$，代入①式可得 $x_3=\dfrac{-7x_1-12}{4x_1+7}$，$\therefore y_3=\dfrac{y_1}{4x_1+7}$，

$\therefore C\left(\dfrac{-4x_1-12}{4x_1+7}，\dfrac{y_1}{4x_1+7}\right)$，同理可得 $D\left(\dfrac{-7x_2-12}{4x_2+7}，\dfrac{y_2}{4x_2+7}\right)$.

故 $\overrightarrow{QC}=\left(x_3+\dfrac{7}{4}，y_3-\dfrac{1}{4}\right)$，$\overrightarrow{QD}=\left(x_4+\dfrac{7}{4}，y_4-\dfrac{1}{4}\right)$，

$\because Q$，C，D 三点共线，$\therefore\left(x_3+\dfrac{7}{4}\right)\left(y_4-\dfrac{1}{4}\right)-\left(x_4+\dfrac{7}{4}\right)\left(y_3-\dfrac{1}{4}\right)=0$，

将点 C，D 的坐标代入化简可得 $\dfrac{y_1-y_2}{x_1-x_2}=1$，即 $k=1$.

解题反思

轮换代替经常用在两条相关直线的情形下求交点坐标.

变式 2.1 如图 3 – 3 – 2 所示，已知椭圆 $C: \dfrac{x^2}{a^2} + \dfrac{y^2}{b^2} = 1$ $(a > b > 0)$ 的离心率为 $\dfrac{1}{2}$，且经过点 $\left(1, \dfrac{3}{2}\right)$.

（1）求椭圆 C 的方程式；

（2）设经过椭圆 C 的右焦点 F 的两条互相垂直的直线 l_1，l_2，且 l_1，l_2 不垂直坐标轴，直线 l_1，l_2 被椭圆 C 截得的弦 AB，CD 的中点分别为 M，N，证明：直线 MN 过定点.

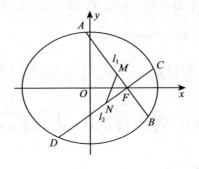

图 3 – 3 – 2

变式 2.2 已知抛物线 $E: y^2 = 2px$ $(p > 0)$，点 $Q\left(\dfrac{1}{4}, m\right)$ 为 E 上一点，且 Q 到 E 的准线的距离等于其到坐标原点 O 的距离.

（1）求 E 的方程式；

（2）设 AB 为圆 $(x + 2)^2 + y^2 = 4$ 的一条不垂直于 y 轴的直径，分别延长 AO，BO 交 E 于 C，D 两点，求四边形 $ABCD$ 面积的最小值.

第四节　坐标截距公式及其应用

【知识概述】

在处理解析几何的综合问题，特别是直线过定点的问题时，往往定点会落在坐标轴上，此时，证明直线过定点相当于证明直线与坐标轴的截距为定值，如何更快更准地求出直线与坐标轴的截距成为解题关键．为此本节内容我们来探究求解直线的截距公式——坐标截距公式，以提高解题的效率．

【知识框架】

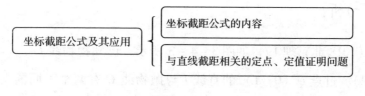

图 3 - 4 - 1

【知识探究】

已知 $A(x_1, y_1)$，$B(x_2, y_2)$，其中 $x_1 \neq x_2$，$y_1 \neq y_2$，证明：直线 AB 在 x 轴与 y 轴的截距分别为 $\dfrac{x_2 y_1 - x_1 y_2}{y_1 - y_2}$ 和 $\dfrac{x_1 y_2 - x_2 y_1}{x_1 - x_2}$．

证明：如图 3 - 4 - 2 所示，已知 $A(x_1, y_1)$，$B(x_2, y_2)$，设 $M(0, y_M)$，$N(x_N, 0)$，

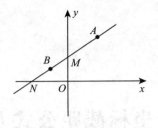

图 3 - 4 - 2

由 A，M，B 三点共线得 $\dfrac{y_1 - y_M}{x_1} = \dfrac{y_2 - y_M}{x_2}$，则 $y_1 x_2 - y_M x_2 = x_1 y_2 - x_1 y_M$，

移项得 $y_M = \dfrac{x_1 y_2 - x_2 y_1}{x_1 - x_2}$；同理可得 $x_N = \dfrac{x_2 y_1 - x_1 y_2}{y_1 - y_2}$.

从而直线 AB 的横截距与纵截距分别为 $\dfrac{x_2 y_1 - x_1 y_2}{y_1 - y_2}$，$\dfrac{x_1 y_2 - x_2 y_1}{x_1 - x_2}$.

评注：通过上面证明我们发现，不与坐标轴平行的直线的横、纵截距可以由直线上两点的坐标计算得到，我们称上述公式为"坐标截距公式"，该公式结构工整、形式优美，适当记忆该公式可以大大提高计算的正确率与解题的效率.

【例题分析】

例 1（2018 北京理 19）如图 3 - 4 - 3 所示，已知抛物线 C：$y^2 = 2px$ 经过点 P（1，2），过点 Q（0，1）的直线 l 与抛物线 C 有两个不同的交点 A，B，且直线 PA 交 y 轴于 M，直线 PB 交 y 轴于 N.

（1）求直线 l 的斜率的取值范围；

（2）设 O 为原点，$\overrightarrow{QM} = \lambda \overrightarrow{QO}$，$\overrightarrow{QN} = \mu \overrightarrow{QO}$，求证：$\dfrac{1}{\lambda} + \dfrac{1}{\mu}$ 为定值.

（1）解：如图 3 - 4 - 3 所示，∵ 抛物线 $y^2 = 2px$ 经过点 P（1，2），∴ $4 = 2p$，解得 $p = 2$，

∴ 抛物线的方程为 $y^2 = 4x$.

由题意可知直线 l 的斜率存在且不为 0，设直线 l 的方程为 $y = kx + 1$（$k \neq 0$）.

由 $\begin{cases} y^2 = 4x, \\ y = kx + 1, \end{cases}$ 得 $k^2x^2 + (2k-4)x + 1 = 0.$

依题意 $\Delta = (2k-4)^2 - 4 \times k^2 \times 1 > 0$，解得 $k < 0$ 或 $0 < k < 1$.

又 PA，PB 与 y 轴相交，故直线 l 不过点 $(1, -2)$，从而 $k \neq -3$.

∴ 直线 l 斜率的取值范围是 $(-\infty, -3) \cup (-3, 0) \cup (0, 1)$.

（2）证明：已知 $P(1, 2)$，则 $C：y^2 = 4x$，设 $A(x_1, y_1)$，$B(x_2, y_2)$，

由坐标截距公式知 $M\left(0, \dfrac{2x_1 - y_1}{x_1 - 1}\right)$，$N\left(0, \dfrac{2x_2 - y_2}{x_2 - 1}\right)$，

设 $l：y = kx + 1$，由 $\begin{cases} y = kx + 1, \\ y^2 = 4x \end{cases}$ 消去 y 得 $k^2x^2 + (2k-4)x + 1 = 0$，

则 $x_1 + x_2 = -\dfrac{2k-4}{k^2}$，$x_1 x_2 = \dfrac{1}{k^2}$.

又 $\overrightarrow{QM} = \lambda \overrightarrow{QO}$，$\overrightarrow{QN} = \mu \overrightarrow{QO}$，

则 $\lambda = \dfrac{y_1 - x_1 - 1}{x_1 - 1} = \dfrac{(k-1)x_1}{x_1 - 1}$，

$\mu = \dfrac{y_2 - x_2 - 1}{x_2 - 1} = \dfrac{(k-1)x_2}{x_2 - 1}$，

故 $\dfrac{1}{\lambda} + \dfrac{1}{\mu} = \dfrac{x_1 - 1}{(k-1)x_1} + \dfrac{x_2 - 1}{(k-1)x_2} = \dfrac{1}{k-1}\left(2 - \dfrac{x_1 + x_2}{x_1 x_2}\right) = \dfrac{1}{k-1}(2k - 2) = 2.$

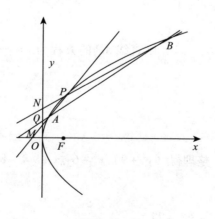

图 3-4-3

解题反思

所要求证的问题与直线的截距有关，故使用坐标截距公式快速求出截距进而解决问题.

例2 （2020 全国理20）如图 3－4－4 所示，已知 A，B 分别为椭圆 $E：\dfrac{x^2}{a^2}+y^2=1$（$a>1$）的左、右顶点，G 为 E 的上顶点，$\overrightarrow{AG}\cdot\overrightarrow{GB}=8$，$P$ 为直线 $x=6$ 上的动点，PA 与 E 的另一交点为 C，PB 与 E 的另一交点为 D.

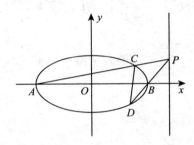

图 3－4－4

（1）求 E 的方程；

（2）证明：直线 CD 过定点.

解：（1）由椭圆方程 $E：\dfrac{x^2}{a^2}+y^2=1$（$a>1$）可得 A（$-a$，0），B（a，0），G（0，1），$\therefore \overrightarrow{AG}=$（$a$，1），$\overrightarrow{GB}=$（$a$，$-1$），$\overrightarrow{AG}\cdot\overrightarrow{GB}=a^2-1=8$，$\therefore a^2=9$，$\therefore$ 椭圆方程为 $\dfrac{x^2}{9}+y^2=1$.

证明：（2）设 P（6，y_0），则直线 AP 的方程为 $y=\dfrac{y_0-0}{6-（-3）}$（$x+3$），即 $y=\dfrac{y_0}{9}$（$x+3$）.

由 $\begin{cases}\dfrac{x^2}{9}+y^2=1，\\ y=\dfrac{y_0}{9}（x+3），\end{cases}$ 整理得 （y_0^2+9）$x^2+6y_0^2x+9y_0^2-81=0$，

解得 $x=-3$ 或 $x=\dfrac{-3y_0^2+27}{y_0^2+9}$.

将 $x = \dfrac{-3y_0^2 + 27}{y_0^2 + 9}$ 代入直线 $y = \dfrac{y_0}{9}(x + 3)$，可得 $y = \dfrac{6y_0}{y_0^2 + 9}$.

所以点 C 的坐标为 $\left(\dfrac{-3y_0^2 + 27}{y_0^2 + 9}, \dfrac{6y_0}{y_0^2 + 9} \right)$，同理可得点 D 的坐标为

$\left(\dfrac{3y_0^2 - 3}{y_0^2 + 1}, \dfrac{-2y_0}{y_0^2 + 1} \right)$.

根据对称性知定点在 x 轴，设定点坐标为 $(t, 0)$，

则 $t = \dfrac{\dfrac{6y_0}{y_0^2 + 9} \cdot \dfrac{3y_0^2 - 3}{y_0^2 + 1} + \dfrac{2y_0}{y_0^2 + 1} \cdot \dfrac{-3y_0^2 + 27}{y_0^2 + 9}}{\dfrac{6y_0}{y_0^2 + 9} + \dfrac{2y_0}{y_0^2 + 1}}$

$= \dfrac{18y_0^3 - 18y_0 - 6y_0^3 + 54y_0}{6y_0^3 + 6y_0 + 2y_0^3 + 18y_0} = \dfrac{12y_0^3 + 36y_0}{8y_0^3 + 27y_0}$

$= \dfrac{3}{2}$，故直线过定点 $\left(\dfrac{3}{2}, 0 \right)$.

解题反思

根据椭圆的对称性可以进一步得到定点的位置（坐标轴），进而结合坐标截距公式求出定点坐标从而证明问题.

变式 2.1 如图 $3-4-5$ 所示，设任意不平行坐标轴的直线 l 与椭圆 $C: \dfrac{x^2}{a^2} +$

$\dfrac{y^2}{b^2} = 1$ $(a > b > 0)$ 交于 A，B 两点，与 x 轴交于点 M，点 B 关于 x 轴对称得到点 D，直线 AD 交 x 轴于点 N.

证明：$|OM| \cdot |ON|$ 为定值.

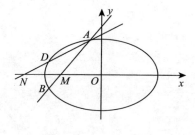

图 $3-4-5$

变式 2.2 如图 3 – 4 – 6 所示，已知椭圆 C：$\dfrac{x^2}{9} + \dfrac{y^2}{5} = 1$ 的左焦点为 F，过 F 且斜率为 k_1（$k_1 \neq 0$）的直线与椭圆交于 A，B 两点，定点 R（1，0），延长 AR，BR 分别与椭圆交于 C，D 两点，设直线 CD 的斜率为 k_2，证明：$\dfrac{k_1}{k_2}$ 为定值.

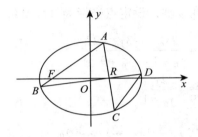

图 3 – 4 – 6

第五节 平移齐次化优化运算

【知识概述】

以两条直线的斜率相关关系为背景是历年高考解析几何综合问题命题的重点与难点，该问题紧密联系定点定值问题，并往往涉及繁杂的运算，对学生分析问题能力、知识综合运用能力、数学运算能力要求较高．学生普遍存在计算不完或者计算不对的现象．为此，本文将介绍平移齐次化联立的方法解决这类斜率相关的问题，以提高运算的效率与准确率．

【知识框架】

图 3 - 5 - 1

【例题分析】

例 1 已知 A，B 为抛物线 $x^2 = 4y$ 上异于原点 O 的两点，设 k_{OA}，k_{OB} 分别为直线 OA，OB 的斜率且 $k_{OA} + k_{OB} = 2$. 证明：直线 AB 的斜率为定值．

证明：设直线 AB 与抛物线的交点 A $(x_1$，$y_1)$，B $(x_2$，$y_2)$，

设直线 AB 的方程为 $mx + ny = 1$.

由 $\begin{cases} x^2 = 4y, \\ mx + ny = 1, \end{cases}$ 联立得 $x^2 = 4y\,(mx + ny)$，即 $4ny^2 + 4mxy - x^2 = 0$，

变形得 $4n\left(\dfrac{y}{x}\right)^2 + 4m\dfrac{y}{x} - 1 = 0$，

又 $k_{OA} + k_{OB} = 2$，即 $\dfrac{y_1}{x_1} + \dfrac{y_2}{x_2} = 2$，$\therefore -\dfrac{4m}{4n} = 2$，即 $-\dfrac{m}{n} = 2$，

$\therefore$ 直线 AB 的斜率 $k = -\dfrac{m}{n} = 2$.

解题反思

（1）上述解法的巧妙之处在于将条件中 $k_{OA} = \dfrac{y_1}{x_1}$ 与 $k_{OB} = \dfrac{y_2}{x_2}$ 的关系转化为关

于 $\dfrac{y}{x}$（视为整体）的一元二次方程的两根关系.

（2）将直线 AB 的方程设为 $mx + ny = 1$ 是为了联立抛物线方程后方便将方

程中的各项补齐为二次式，进而转化为关于 $\dfrac{y}{x}$ 的一元二次方程.

例 2 （2022 全国 I 卷节选）已知点 $A\,(2，1)$ 在双曲线 $C：\dfrac{x^2}{a^2} - \dfrac{y^2}{a^2 - 1} = 1$

$(a > 1)$ 上，直线 l 交 C 于 $P，Q$ 两点，直线 $AP，AQ$ 的斜率之和为 0，求 l 的

斜率.

解：因为点 $A\,(2，1)$ 在双曲线 $C：\dfrac{x^2}{a^2} - \dfrac{y^2}{a^2 - 1} = 1$（$a > 1$）上，所以 $\dfrac{4}{a^2} -$

$\dfrac{1}{a^2 - 1} = 1$，解得 $a^2 = 2$，即双曲线 $C：\dfrac{x^2}{2} - y^2 = 1$.

分别平移 x 轴、y 轴，建立以 $A\,(2，1)$ 为原点的直角坐标系 $x'Py'$.

在直角坐标系 $x'Py'$ 下：

已知 $A\,(0，0)$，设 $P\,(x_1'，y_1')$，$Q\,(x_2'，y_2')$，设直线 PQ 的方程为 $mx' +$

$ny' = 1$，

易知双曲线 C 的方程为 $\dfrac{(x' + 2)^2}{2} - (y' + 1)^2 = 1$，变形得 $x'^2 - 2y'^2 + 4x' -$

$4y' = 0$，

由 $\begin{cases} x'^2 - 2y'^2 + 4x' - 4y' = 0, \\ mx' + ny' = 1, \end{cases}$ 联立得 $x'^2 - 2y'^2 + 4x'$（mx'

$+ ny'$）$- 4y'$（$mx' + ny'$）$= 0,$

化简变形得 -2（$1 + 2n$）$\left(\dfrac{y'}{x'} \right)^2 - 4$（$m - n$）$+ 1 + 4m = 0.$

$\because k_{AP} + k_{AQ} = 0,$ 即 $\dfrac{y_1'}{x_1'} + \dfrac{y_2'}{x_2'} = 0,$ $\therefore -\dfrac{4（m-n）}{2（1+2n）} = 0,$ $\therefore -\dfrac{m}{n} = -1,$

则直线 PQ 的斜率为 -1. 又因为平移前后直线的斜率不变，故在原直角坐标系下直线 l 的斜率为 -1，

解题反思

（1）平移齐次化方法：一般地，处理斜率相关的两条直线问题，通过对坐标轴进行平移，联立直线与圆锥曲线方程后齐次化，最后转化为关于 $\dfrac{y}{x}$ 的一元二次方程的两根关系问题. 我们称这样的方法为平移齐次化.

（2）一般地，设 P（x_0，y_0）（$x_0 \neq 0$）为圆锥曲线 C：f（x，y）$= 0$ 上一点，由点 P 引倾斜角互补的两弦 PA，PB，利用平移齐次化方法证明直线 AB 斜率为定值的基本步骤为：

① 平移坐标轴，建立以 P（x_0，y_0）（$x_0 \neq 0$）为原点的新平面直角坐标系 $x'Py'$；

② 在直角坐标系 $x'Py'$ 下，求得圆锥曲线 C 的方程为 f（$x' + x_0$，$y' + y_0$）$= 0$，并将直线 AB 的方程设为 $mx' + ny' = 1$；

③ 联立直线与椭圆方程齐次化，将问题转化为关于 $\dfrac{y}{x}$ 的一元二次方程两根关系问题.

（3）解题过程中应注意到圆锥曲线 C：f（$x' + x_0$，$y' + y_0$）$= 0$ 的常数项为 0，以及直线平移前后斜率不变的一般规律.

事实上，利用平移齐次化方法我们还可以得到一个这样的结论：设 P（x_0，y_0）（$x_0 \neq 0$）为有心二次曲线（圆、椭圆、双曲线）$\dfrac{x^2}{m} + \dfrac{y^2}{n} = 1$ 上一点，由点

P 引倾斜角互补的两弦 PA，PB，则直线 AB 的斜率为定值 $\dfrac{nx_0}{my_0}$.

变式 2.1 已知椭圆 C：$\dfrac{x^2}{a^2}+\dfrac{y^2}{b^2}=1$（$a>b>0$）的右焦点为 $F(\sqrt{6},0)$，点 A，B 及点 $P(-2,1)$ 都在椭圆 C 上，若直线 PA 与直线 PB 的倾斜角互补.

（1）求椭圆 C 的标准方程；

（2）证明：直线 AB 的斜率为定值.

例 3（2017 全国 I 卷理科 20 题）已知椭圆 C：$\dfrac{x^2}{a^2}+\dfrac{y^2}{b^2}=1$（$a>b>0$），四点 $P_1(1,1)$，$P_2(0,1)$，$P_3\left(-1,\dfrac{\sqrt{3}}{2}\right)$，$P_4\left(1,\dfrac{\sqrt{3}}{2}\right)$ 中恰有三点在椭圆 C 上.

（1）求 C 的方程；

（2）设直线 l 不经过 P_2 点且与 C 相交于 A，B 两点．若直线 P_2A 与直线 P_2B 的斜率的和为 -1，证明：l 过定点.

（1）解：因为 $P_3\left(-1,\dfrac{\sqrt{3}}{2}\right)$，$P_4\left(1,\dfrac{\sqrt{3}}{2}\right)$ 关于 y 轴对称，所以 P_3，P_4 两点在椭圆 C 上，

故 $\dfrac{1}{a^2}+\dfrac{3}{4b^2}=1$. 又 $\dfrac{1}{a^2}+\dfrac{1}{b^2}>\dfrac{1}{a^2}+\dfrac{3}{4b^2}=1$，

$\therefore P_1$ 不在椭圆上，P_2 在椭圆上.

$\therefore \begin{cases}\dfrac{1}{b^2}=1,\\[2mm]\dfrac{1}{a^2}+\dfrac{3}{4b^2}=1,\end{cases}$ 解得 $\begin{cases}a^2=4,\\ b^2=1.\end{cases}$

故 C 的方程为 $\dfrac{x^2}{4}+y^2=1$.

（2）证明：平移 x 轴，建立以 P_2（0，1）为原点的直角坐标系 $x'P_2y'$，如图 3-5-2 所示在直角坐标系 $x'Py'$ 下，已知 P_2（0，0），设 A（x'_1，y'_1），B（x'_2，y'_2）.

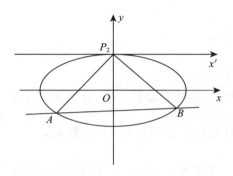

图 3-5-2

设直线 AB 的方程为 $mx' + ny' = 1$，

易知椭圆 C 的方程为 $\dfrac{x'^2}{4} + (y'+1)^2 = 1$，

变形得 $x'^2 + 4y'^2 + 8y' = 0$，由 $\begin{cases} x'^2 + 4y'^2 + 8y' = 0, \\ mx' + ny' = 1, \end{cases}$

联立得 $x'^2 + 4y'^2 + 8y'(mx' + ny') = 0$，化简变形得 $(4 + 8n)\left(\dfrac{y'}{x'}\right)^2 + 8m\dfrac{y'}{x'} + 1 = 0$.

又 $k_{P_2A} + k_{P_2B} = -1$，即 $\dfrac{y'_1}{x'_1} + \dfrac{y'_2}{x'_2} = -1$，$\therefore -\dfrac{8m}{4 + 8n} = -1$，即 $m = \dfrac{2n+1}{2}$.

$\therefore$ 直线 AB 的方程为 $2n(x' + y') + x' - 2 = 0$，$\therefore$ 直线 AB 过定点（2，-2），故在原坐标系 xOy 下，直线 AB 过定点（2，-1）.

解题反思

利用平移齐次化方法证明定点问题时应注意平移前后定点坐标的关系.

事实上，利用平移齐次化的方法我们还可以得到一个结论：设 P（x_0，y_0）为有心二次曲线 $\dfrac{x^2}{m} + \dfrac{y^2}{n} = 1$ 上一点，若动弦 AB 相对点 P 的张角为直角时，则弦

AB 所在的直线经过定点 $\left(\dfrac{e^2 x_0}{2-e^2},\ \dfrac{e^2 y_0}{e^2-2}\right)$，其中 e 为有心二次曲线的离心率.

变式 3.1 已知椭圆 $C: \dfrac{x^2}{a^2}+\dfrac{y^2}{b^2}=1\ (a>b>0)$，点 $M\left(\dfrac{2\sqrt{6}}{3},\ -1\right)$ 在椭圆上，椭圆 C 的离心率为 $\dfrac{1}{2}$.

（1）求椭圆的方程；

（2）设点 A 为椭圆长轴的左端点，P，Q 为椭圆上异于椭圆 C 长轴端点的两点，记直线 AP，AQ 的斜率分别为 k_1，k_2，若 $k_1 k_2 = -\dfrac{1}{4}$，请判断直线 PQ 是否过定点？若过定点，求该定点坐标；若不过定点，请说明理由.

变式 3.2 （2020 山东）已知椭圆 $C: \dfrac{x^2}{a^2}+\dfrac{y^2}{b^2}=1\ (a>b>0)$ 的离心率为 $\dfrac{\sqrt{2}}{2}$，且过点 A（2，1）.

（1）求 C 的方程；

（2）点 M，N 在 C 上，且 $AM \perp AN$，$AD \perp MN$，D 为垂足．证明：存在定点 Q，使得 $|DQ|$ 为定值.

第四章

性质结论篇

知识结构

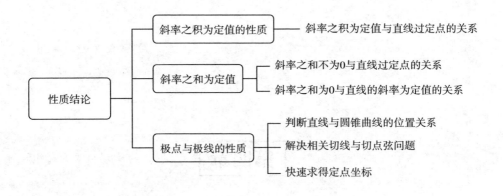

    本章知识主要介绍了圆锥曲线中蕴含的一些常考常见的性质, 有些知识甚至不在普通高中课程标准范围内. 然而, 这些性质结论是历年高考命题的背景, 理解这些知识可以帮助我们洞察试题中蕴含的有关背景, 明确解决问题的方向, 快速得到结论, 增强解决问题的信心.

第一节 斜率之积为定值的性质

【知识概述】

以两条直线的斜率相关关系为背景是历年高考解析几何综合问题命题的重点与难点，本节知识将系统介绍圆锥曲线一类两条直线斜率之积为定值的性质，并揭示斜率之积为定值与定点问题之间的关系.

【知识框架】

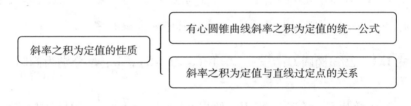

图 4 - 1 - 1

【例题分析】

例 1 已知点 P 是椭圆 C：$\dfrac{x^2}{a^2} + \dfrac{y^2}{b^2} = 1$（$a > b > 0$）上异于长轴端点以外的任一点，$A$，$B$ 是该椭圆长轴的两个端点，直线 PA，PB 的斜率分别为 k_1，k_2，则 $k_1 k_2 = $ _____.

解析：由题意知椭圆 C：$\dfrac{x^2}{a^2} + \dfrac{y^2}{b^2} = 1$（$a > b > 0$），可得 A（$-a$，0），B（a，0），

设 P (x_0, y_0)，代入椭圆的方程，可得 $y_0^2 = \dfrac{b^2}{a^2} (a^2 - x_0^2)$，

则 $k_1 \cdot k_2 = \dfrac{y_0}{x_0 + a} \cdot \dfrac{y_0}{x_0 - a} = \dfrac{y_0^2}{x_0^2 - a^2} = \dfrac{\dfrac{b^2}{a^2} (a^2 - x_0^2)}{x_0^2 - a^2} = -\dfrac{b^2}{a^2}.$

解题反思

一般地，有心圆锥曲线蕴藏下列斜率之积为定值的性质：

（1）设椭圆的方程为 C：$\dfrac{x^2}{a^2} + \dfrac{y^2}{b^2} = 1$ $(a > b > 0)$，A，B 为椭圆上关于原点对称的两点，P 点是椭圆上异于 A，B 两点的任一点，则有 $k_{PA} k_{PB} = -\dfrac{b^2}{a^2}$.

（2）设双曲线的方程为 C：$\dfrac{x^2}{a^2} - \dfrac{y^2}{b^2} = 1$ $(a > 0, b > 0)$，A，B 为双曲线上关于原点对称的两点，P 点是双曲线上异于 A，B 两点的任一点，则有 $k_{PA} k_{PB} = \dfrac{b^2}{a^2}$.

（3）设 A，B 为有心圆锥曲线上关于原点对称的两点，P 点是曲线上异于 A，B 两点的任一点，则有 $k_{PA} k_{PB} = e^2 - 1$（其中 e 为离心率）.

变式 1.1 已知椭圆 C：$\dfrac{x^2}{a^2} + \dfrac{y^2}{b^2} = 1$ $(a > b > 0)$，M，N 分别为椭圆 C 的左、右顶点，若在椭圆 C 上存在一点 H，使得 $k_{MH} \cdot k_{NH} \in \left(-\dfrac{1}{2}, 0 \right)$，则椭圆 C 的离心率 e 的取值范围为（　　）

A. $\left(\dfrac{\sqrt{2}}{2}, 1 \right)$ 　　　　　　　　　　 B. $\left(0, \dfrac{\sqrt{2}}{2} \right)$

C. $\left(\dfrac{\sqrt{3}}{2}, 1 \right)$ 　　　　　　　　　　 D. $\left(0, \dfrac{\sqrt{3}}{2} \right)$

变式 1.2 （2022 全国甲卷）椭圆 C：$\dfrac{x^2}{a^2} + \dfrac{y^2}{b^2} = 1$ $(a > b > 0)$ 的左顶点为 A，点 P，Q 均在 C 上，且关于 y 轴对称．若直线 AP，AQ 的斜率之积为 $\dfrac{1}{4}$，则 C 的离心率为（　　）

A. $\dfrac{\sqrt{3}}{2}$ 　　　　 B. $\dfrac{\sqrt{2}}{2}$ 　　　　 C. $\dfrac{1}{2}$ 　　　　 D. $\dfrac{1}{3}$

变式 1.3 如图 $4-1-2$ 所示，在平面直角坐标系 xOy 中，F_1，F_2 分别为

椭圆 $\dfrac{x^2}{a^2}+\dfrac{y^2}{b^2}=1$（$a>b>0$）的左、右焦点，$B$，$C$ 分别为椭圆的上、下顶点，

直线 BF_2 与椭圆的另一交点为 D. 若 $\cos\angle F_1BF_2=\dfrac{7}{25}$，则直线 CD 的斜率为

_____.

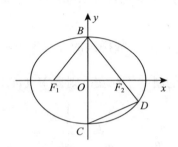

图 $4-1-2$

变式 1.4 （2015 全国理 II 卷）已知 A，B 为双曲线 E 的左、右顶点，点 M

在 E 上，$\triangle ABM$ 为等腰三角形，且顶角为 $120°$，则 E 的离心率为（　　　）

A. $\sqrt{5}$ 　　　　 B. 2 　　　　 C. $\sqrt{3}$ 　　　　 D. $\sqrt{2}$

变式 1.5 已知双曲线 $C:\dfrac{x^2}{4}-y^2=1$，A，B 为双曲线的左、右顶点，点 P

为双曲线右支上的动点，直线 AP，BP 与直线 $x=1$ 分别交于 M，N 两点，则

$|MN|$ 的最小值为_____.

例 2 如图 $4-1-3$ 所示，已知椭圆 $C:\dfrac{x^2}{a^2}+\dfrac{y^2}{b^2}=1$（$a>b>0$）的一个顶点

为 $B(0,1)$，离心率为 $\dfrac{\sqrt{3}}{2}$.

（1）求椭圆 C 的方程式；

（2）若直线 l 与椭圆 C 交于 M，N 两点，直线 BM 与直线 BN 的斜率之积为

$\dfrac{1}{2}$，证明：直线 l 过定点，并求出该定点坐标.

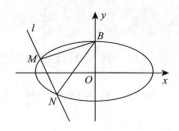

图 4 - 1 - 3

(1) 解：因为一个顶点为 B $(0，1)$，故 $b=1$. 又离心率为 $\dfrac{\sqrt{3}}{2}$，故 $\dfrac{c}{a}=\dfrac{\sqrt{3}}{2}$，

即 $\dfrac{\sqrt{a^2-1}}{a}=\dfrac{\sqrt{3}}{2}$，所以 $a=2$，故椭圆的方程为 $\dfrac{x^2}{4}+y^2=1$.

(2) 证明：若直线 l 的斜率不存在，则设 M $(m，n)$，N $(m，-n)$，

此时 $k_{BM}k_{BN}=\dfrac{n-1}{m}\cdot\dfrac{-n-1}{m}=\dfrac{1-n^2}{m^2}=\dfrac{\frac{1}{4}m^2}{m^2}=\dfrac{1}{4}$，与题设条件矛盾，故直线

l 的斜率必存在.

设 MN：$y=kx+m$，M $(x_1，y_1)$，N $(x_2，y_2)$，联立 $\begin{cases} y=kx+m，\\ x^2+4y^2=4，\end{cases}$

化为 $(1+4k^2)x^2+8kmx+4m^2-4=0$，$\Delta=16(4k^2-m^2+1)>0$，

$\therefore x_1+x_2=\dfrac{-8km}{1+4k^2}$，$\therefore x_1\cdot x_2=\dfrac{4m^2-4}{1+4k^2}$.

$\therefore k_{BM}\cdot k_{BN}=\dfrac{y_1-1}{x_1}\cdot\dfrac{y_2-1}{x_2}=\dfrac{x_2y_1+x_1y_2-x_1-x_2}{x_1x_2}=\dfrac{1}{2}$，

$\left(k^2-\dfrac{1}{2}\right)x_1x_2+k(m-1)(x_1+x_2)+(m-1)^2=0$，

$\therefore \left(k^2-\dfrac{1}{2}\right)\dfrac{4m^2-4}{1+4k^2}+k(m-1)\dfrac{-8km}{1+4k^2}+(m-1)^2=0$，

化简为 $m^2+2m-3=0$，解得 $m=-3$ 或 $m=1$（舍去）.

即直线过定点 $(0，-3)$.

解题反思

一般地，可以证明下列结论成立：

（1）设 P (x_0, y_0) 为椭圆 C：$\dfrac{x^2}{a^2} + \dfrac{y^2}{b^2} = 1$ $(a > b > 0)$ 上一点，A，B 为 C 上的两个动点，且满足 $k_{PA} \cdot k_{PB} = \lambda$，则直线 AB 恒过定点 $\left(\dfrac{\lambda a^2 + b^2}{\lambda a^2 - b^2} x_0, \ -\dfrac{\lambda a^2 + b^2}{\lambda a^2 - b^2} y_0 \right)$.

（2）设 P (x_0, y_0) 为双曲线 C：$\dfrac{x^2}{a^2} - \dfrac{y^2}{b^2} = 1$ $(a > 0, \ b > 0)$ 上一点，A，B 为 C 上的两个动点，且满足 $k_{PA} \cdot k_{PB} = \lambda$，则直线 AB 恒过定点 $\left(\dfrac{\lambda a^2 - b^2}{\lambda a^2 + b^2} x_0, \ -\dfrac{\lambda a^2 - b^2}{\lambda a^2 + b^2} y_0 \right)$.

（3）设 P (x_0, y_0) 为抛物线 C：$y^2 = 2px$ $(p > 0)$ 上一点，A，B 为 C 上的两个动点，且满足 $k_{PA} \cdot k_{PB} = \lambda$，则直线 AB 恒过定点 $\left(x_0 - \dfrac{2p}{\lambda}, \ -y_0 \right)$.

变式 2.1 设 O 为原点，直线 l 与抛物线 C：$y^2 = 2px$ $(p > 0)$ 交于 A，B 两点，且 $OA \perp OB$，作 $OD \perp AB$，垂足为点 D，若点 D 的坐标为（2，1），则 $p =$ _____.

变式 2.2 （2020 山东改编）已知双曲线 C：$\dfrac{x^2}{a^2} - \dfrac{y^2}{b^2} = 1$ $(a > 0, \ b > 0)$ 的右焦点 F（3，0），且过点 A（$2\sqrt{2}$，1）.

（1）求 C 的方程式；

（2）点 M，N 在 C 上，且 $AM \perp AN$，$AD \perp MN$，D 为垂足，求 $|DF|$ 的最大值.

第二节　斜率之和为定值的性质

【知识概述】

　　以两条直线的斜率相关关系为背景是历年高考解析几何综合问题命题的重点与难点，本节知识将系统介绍圆锥曲线一类两条直线斜率之和为定值的性质，并揭示斜率之和为定值与定点、定值问题之间的关系．

【知识框架】

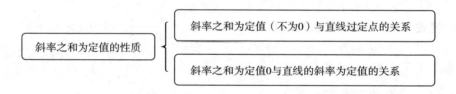

图 4 – 2 – 1

【例题分析】

　　例1　（2017 全国 I 卷理科）已知椭圆 $C: \dfrac{x^2}{a^2} + \dfrac{y^2}{b^2} = 1$（$a > b > 0$），四点 P_1

$(1，1)$，$P_2 (0，1)$，$P_3\left(-1，\dfrac{\sqrt{3}}{2}\right)$，$P_4\left(1，\dfrac{\sqrt{3}}{2}\right)$ 中恰有三点在椭圆 C 上．

　　（1）求 C 的方程式；

　　（2）设直线 l 不经过 P_2 点且与 C 相交于 A，B 两点．若直线 P_2A 与直线 P_2B 的斜率和为 -1，证明：l 过定点．

解：（1）由于 P_3，P_4 两点关于 y 轴对称，故由题设知 C 经过 P_3，P_4 两点.

又由 $\dfrac{1}{a^2}+\dfrac{1}{b^2}>\dfrac{1}{a^2}+\dfrac{3}{4b^2}$ 知，C 不经过点 P_1，$\therefore$ 点 P_2 在 C 上.

因此 $\begin{cases}\dfrac{1}{b^2}=1,\\[2mm]\dfrac{1}{a^2}+\dfrac{3}{4b^2}=1,\end{cases}$ 解得 $\begin{cases}a^2=4,\\b^2=1.\end{cases}$ 故 C 的方程为 $\dfrac{x^2}{4}+y^2=1$.

（2）证明：设直线 P_2A 与直线 P_2B 的斜率分别为 k_1，k_2，

如果 l 与 x 轴垂直，设 $l:x=t$，由题设知 $t\neq0$，且 $|t|<2$，可得 A，B 的坐标分别为 $\left(t,\ \dfrac{\sqrt{4-t^2}}{2}\right)$，$\left(t,\ \dfrac{\sqrt{4-t^2}}{2}\right)$.

则 $k_1+k_2=\dfrac{\sqrt{4-t^2}-2}{2t}-\dfrac{\sqrt{4-t^2}+2}{2t}=1$，得 $t=2$，不符合题设.

从而可设 $l:y=kx+m$（$m\neq1$），$A\ (x_1,\ y_1)$，$B\ (x_2,\ y_2)$，

联立 $\begin{cases}y=kx+m,\\[1mm]\dfrac{x^2}{4}+y^2=1,\end{cases}$ 消去 x 得 $(4k^2+1)\ x^2+8kmx+4m^2-4=0$，

则 $x_1+x_2=-\dfrac{8km}{4k^2+1}$，$x_1x_2=\dfrac{4m^2-4}{4k^2+1}$.

而 $k_1+k_2=\dfrac{y_1-1}{x_1}+\dfrac{y_2-1}{x_2}=\dfrac{kx_1+m-1}{x_1}+\dfrac{kx_2+m-1}{x_2}=$

$\dfrac{2kx_1x_2+(m-1)\ (x_1+x_2)}{x_1x_2}$.

已知 $k_1+k_2=-1$，故 $(2k+1)\ x_1x_2+(m-1)\ (x_1+x_2)\ =0$.

即 $(2k+1)\ \cdot\dfrac{4m^2-4}{4k^2+1}+(m-1)\ \cdot\dfrac{-8km}{4k^2+1}=0$，解得 $k=-\dfrac{m+1}{2}$.

则 $l:y=-\dfrac{m+1}{2}x+m$，即 $y+1=-\dfrac{m+1}{2}\ (x-2)$，$\therefore l$ 过定点 $(2,\ -1)$.

解题反思

（1）本题以斜率为背景，解题的关键是将题目中的斜率关系转化为坐标表达，进而使用韦达定理解决问题；

（2）证明直线过定点的一般思路：正确设出直线方程 $y = kx + m$——根据条件确定 k，m 关系——将直线方程化为点斜式——写出定点坐标；

（3）一般地，设 $P(x_0, y_0)$ 为椭圆 $C: \dfrac{x^2}{a^2} + \dfrac{y^2}{b^2} = 1$ （$a > b > 0$）上一点，A，B 为椭圆上两点，若 $k_{AP} + k_{BP} = \lambda$ （$\lambda \neq 0$），则直线 AB 过定点 $\left(x_0 - \dfrac{2y_0}{\lambda}, \ -y_0 - \dfrac{2b^2 x_0}{a^2 \lambda} \right)$.

变式 1.1 已知抛物线 $C: y^2 = 4x$，过点 $P(1, 2)$ 作斜率 k_1，k_2 的两条直线，分别与抛物线交于 M，N，且 $k_1 + k_2 = 1$，则直线 MN 经过定点_____.

变式 1.2 如图 $4-2-2$ 所示，已知椭圆 $C: \dfrac{x^2}{a^2} + \dfrac{y^2}{b^2} = 1$ （$a > b > 0$）过点 $A(0, 1)$，且离心率为 $\dfrac{\sqrt{3}}{2}$.

（1）求椭圆 C 的方程；

（2）过 A 作斜率分别为 k_1，k_2 的两条直线，分别交椭圆于点 M，N 且 $k_1 + k_2 = 2$，证明：直线 MN 过定点.

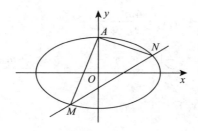

图 $4-2-2$

例 2 已知点 $A(2, 1)$ 在双曲线 $C: \dfrac{x^2}{a^2} - \dfrac{y^2}{a^2 - 1} = 1$ （$a > 1$）上，直线 l 交 C 于 P，Q 两点，直线 AP，AQ 的斜率之和为 0，求 l 的斜率.

解： 已知点 $A(2, 1)$ 在双曲线 $C: \dfrac{x^2}{a^2} - \dfrac{y^2}{a^2 - 1} = 1$ （$a > 1$）上，所以 $\dfrac{4}{a^2} - \dfrac{1}{a^2 - 1} = 1$，解得 $a^2 = 2$，即双曲线 $C: \dfrac{x^2}{2} - y^2 = 1$.

设 $P(x_1, y_1)$，$Q(x_2, y_2)$，直线 $AP: y = k(x-2) + 1$，则直线 $AQ: y = -k(x-2) + 1$，

联立 $\begin{cases} y = k(x-2) + 1, \\ \dfrac{x^2}{2} - y^2 = 1 \end{cases}$ 消去 y 得 $(1-2k^2)x^2 - 4k(1-2k)x - 8k^2 + 8k - 4 = 0$，

则 $2x_1 = \dfrac{-8k^2 + 8k - 4}{1 - 2k^2}$，解得 $x_1 = \dfrac{4k^2 - 4k + 2}{2k^2 - 1}$，代入 $y = k(x-2) + 1$，解得 $y_1 = \dfrac{-2k^2 + 4k - 1}{2k^2 - 1}$，

即 $P\left(\dfrac{4k^2 - 4k + 2}{2k^2 - 1}, \dfrac{-2k^2 + 4k - 1}{2k^2 - 1}\right)$，用 $-k$ 代替 k，可得 $Q\left(\dfrac{4k^2 + 4k + 2}{2k^2 - 1}, \dfrac{-2k^2 - 4k - 1}{2k^2 - 1}\right)$，

故直线 l 的斜率 $k = \dfrac{\dfrac{-2k^2 - 4k - 1}{2k^2 - 1} - \dfrac{-2k^2 + 4k - 1}{2k^2 - 1}}{\dfrac{4k^2 + 4k + 2}{2k^2 - 1} - \dfrac{4k^2 - 4k + 2}{2k^2 - 1}} = \dfrac{-8k}{8k} = -1.$

解题反思

（1）本题注意到直线 AP，AQ 的斜率互为相反数，故考虑使用轮换代替计算技巧简化运算解决问题；

（2）一般地，可以证明：设 $P(x_0, y_0)$ $(x_0 \neq 0)$ 为有心圆锥曲线（圆、椭圆、双曲线）$\dfrac{x^2}{m} + \dfrac{y^2}{n} = 1$ 上一点，由点 P 引倾斜角互补的两弦 PA，PB，则直线 AB 的斜率为定值 $\dfrac{nx_0}{my_0}$.

变式 2.1 已知抛物线 $C: y^2 = 4x$，过点 $P(1, 2)$ 作倾斜角互补的两条直线，分别与抛物线交于 M，N，则直线 MN 的斜率为_____.

变式 2.2 如图 4-2-3 所示，已知椭圆 $C: \dfrac{x^2}{a^2} + \dfrac{y^2}{b^2} = 1$ $(a > b > 0)$ 过点 $P(2, -1)$，且离心率为 $\dfrac{\sqrt{3}}{2}$.

（1）求椭圆 C 的方程；

（2）设点 Q 在椭圆 C 上，且 PQ 与 x 轴平行，过点 P 作两条直线分别交椭圆 C 于 A (x_1, y_1)，B (x_2, y_2) 两点，若直线 PQ 平分 $\angle APB$，求证：直线 AB 的斜率是定值，并求出这个定值．

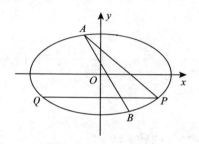

图 4 - 2 - 3

第三节 极点与极线的性质

【知识概述】

极点与极线是高等几何中的重要概念，虽然不是《普通高中数学课程标准》的学习内容，也不属于高考考查的范围，但由于极点与极线是圆锥曲线的基本特征，因此是高考试题命题的热点背景．了解极点与极线的概念，掌握有关极点与极线的基本性质，可以帮助我们洞察试题中蕴含的有关背景，明确解决问题的方向，快速得到结论，增强解决问题的信心．为此，本文将系统介绍极点极线的相关知识，并侧重从极点与极线的性质解决相关的问题．

【知识框架】

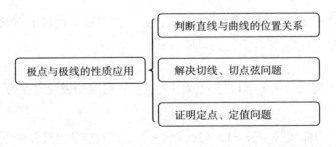

图 4 - 3 - 1

【知识讲解】

（一）极点与极线的定义

1. 几何定义

如图 4 - 3 - 2，设 P 是不在圆锥曲线上的点，过 P 点引两条割线依次交圆

锥曲线于四点 E，F，G，H，连接 EH，FG 交于 N，连接 EH，FG 交于 N，连接 EG，FH 交于 M，则直线 MN 为点 P 对应的极线．同理 PM 为点 N 对应的极线，PN 为点 M 对应的极线，$\triangle MNP$ 称为自极三点形．

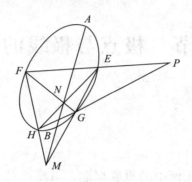

图 4－3－2

2. 代数定义

已知圆锥曲线 Γ：$Ax^2 + Cy^2 + 2Dx + 2Ey + F = 0$，则称点 P（x_0，y_0）和直线 l：$Ax_0x + Cy_0y + D(x + x_0) + E(y + y_0) + F = 0$ 是圆锥曲线 Γ 的一对极点和极线．

事实上，在圆锥曲线方程中，以 x_0x 替换 x^2，以 $\dfrac{x_0 + x}{2}$ 替换 x（另一变量也是如此，常量不变），即可得到点 P（x_0，y_0）关于圆锥曲线 Γ 的极线方程．

特别地：

（1）对于椭圆 $\dfrac{x^2}{a^2} + \dfrac{y^2}{b^2} = 1$，与点 P（x_0，y_0）对应的极线方程为 $\dfrac{x_0x}{a^2} + \dfrac{y_0y}{b^2} = 1$；

（2）对于双曲线 $\dfrac{x^2}{a^2} - \dfrac{y^2}{b^2} = 1$，与点 P（x_0，y_0）对应的极线方程为 $\dfrac{x_0x}{a^2} - \dfrac{y_0y}{b^2} = 1$；

（3）对于抛物线 $y^2 = 2px$，与点 P（x_0，y_0）对应的极线方程为 $y_0y = p(x + x_0)$．

（4）对于椭圆 $\dfrac{x^2}{a^2} + \dfrac{y^2}{b^2} = 1$，右焦点 F（c，0）对应的极线应为 $x = \dfrac{a^2}{c}$，恰为椭圆的右准线．

点 M $(m, 0)$ 对应的极线方程为 $x = \dfrac{a^2}{m}$；对于双曲线 $\dfrac{x^2}{a^2} - \dfrac{y^2}{b^2} = 1$ 而言，点 M $(m, 0)$ 对应的极线方程为 $x = \dfrac{a^2}{m}$；对于抛物线 $y^2 = 2px$ 而言，点 M $(m, 0)$ 对应的极线方程为 $x = -m$.

（二）极点与极线的基本性质

基本性质（一）

（1）当 P 在圆锥曲线 Γ 上时，其极线 l 是曲线 Γ 在 P 点处的切线；

（2）当 P 在 Γ 外时，其极线 l 是曲线 Γ 从点 P 所引两条切线的切点所确定的直线（即切点弦所在直线）；

（3）当 P 在 Γ 内时，其极线 l 是曲线 Γ 过点 P 的割线两端点处的切线交点的轨迹.

性质证明：（以椭圆为例）设椭圆 C 的方程：$\dfrac{x^2}{a^2} + \dfrac{y^2}{b^2} = 1$ $(a > b > 0)$，

① 如图 4-3-3 所示，当点 P (x_0, y_0) 在椭圆 C 上时，极线 l 是以点 P 为切点的切线.

证明：由 $y^2 = b^2 \left(1 - \dfrac{x^2}{a^2}\right)$ 知当 $y \geq 0$ 时，$y = b \sqrt{1 - \dfrac{x^2}{a^2}} = \dfrac{b}{a} \sqrt{a^2 - x^2}$，

$\therefore$ 以 P (x_0, y_0) 为切点的切线方程：$y = -\dfrac{b^2 x_0}{a^2 y_0} (x - x_0) + y_0$，

整理得 $\dfrac{x_0 x}{a^2} + \dfrac{y_0 y}{b^2} = 1$，即此时极线 l 为过点 P (x_0, y_0) 的切线.

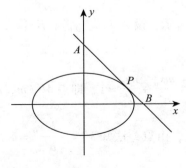

图 4-3-3

② 当点 P 在椭圆外时，极线 l 与椭圆相交，且为由点 P 向椭圆所引切线的切点弦所在直线；

证明：如图 $4-3-4$ 所示，设 A (x_1, y_1)，B (x_2, y_2)，则 l_{PA}：$\dfrac{x_1 x}{a^2} + \dfrac{y_1 y}{b^2}$

$= 1$；l_{PB}：$\dfrac{x_2 x}{a^2} + \dfrac{y_2 y}{b^2} = 1$，$\therefore$ $\begin{cases} \dfrac{x_1 x_0}{a^2} + \dfrac{y_1 y_0}{b^2} = 1, \\ \dfrac{x_2 x_0}{a^2} + \dfrac{y_2 y_0}{b^2} = 1, \end{cases}$

即点 A (x_1, y_1)，B (x_2, y_2) 均满足 $\dfrac{x_0 x}{a^2} + \dfrac{y_0 y}{b^2} = 1$.

极线 l：$\dfrac{x_0 x}{a^2} + \dfrac{y_0 y}{b^2} = 1$ 即为切点弦 AB 所在的直线方程.

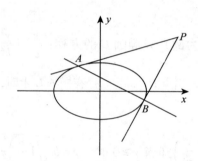

图 $4-3-4$

③ 如图 $4-3-5$，当点 P (x_0, y_0) 在椭圆内时，极线 l 与椭圆相离，极线 l 为经过点 P 的弦在两端点处切线交点的轨迹，且极线 l 与以点 P 为中点的弦所在直线平行.

证明：如图 $4-3-5$ 所示，设 A (x_1, y_1)，B (x_2, y_2)，过 A，B 为切点的切线交于 M (m, n)，

$\therefore$ l_{AB}：$\dfrac{mx}{a^2} + \dfrac{ny}{b^2} = 1$，$\therefore$ $\dfrac{mx_0}{a^2} + \dfrac{ny_0}{b^2} = 1$，即点 M (m, n) 在直线上.

又$\because$ 以 P 为中点的弦，由点差法知 $k' = -\dfrac{b^2 y_0}{a^2 x_0} = k_l$，即极线与中点弦平行.

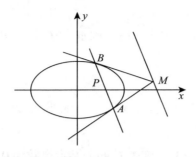

图 4 – 3 – 5

基本性质（二）（配极原则）

点 P 关于圆锥曲线 Γ 的极线 p 经过点 $Q \Leftrightarrow$ 点 Q 关于 Γ 的极线 q 经过点 P；直线 p 关于 Γ 的极点 P 在直线 q 上 $\Leftrightarrow$ 直线 q 关于 Γ 的极点 Q 在极线 p 上．由此可知，共线点的极线必共点，共点线的极点必共线．

证明：（以椭圆为例）设椭圆 C 的方程为 $\dfrac{x^2}{a^2} + \dfrac{y^2}{b^2} = 1$（$a > 0$，$b > 0$），

设 $P(x_P, y_P)$，$Q(x_Q, y_Q)$，则 P 关于椭圆 C 的极线 p：$\dfrac{xx_P}{a^2} + \dfrac{yy_P}{b^2} = 1$，

点 Q 关于 Γ 的极线 q：$\dfrac{xx_Q}{a^2} + \dfrac{yy_Q}{b^2} = 1$，

则 $\dfrac{x_Q x_P}{a^2} + \dfrac{y_Q y_P}{b^2} = 1 \Leftrightarrow$ 点 P 关于圆锥曲线 Γ 的极线 p 经过点 $Q \Leftrightarrow$ 点 Q 关于 Γ 的极线 q 经过点 P．

【例题分析】

例 1（2021 广东一模）已知椭圆 C：$\dfrac{x^2}{2} + y^2 = 1$ 的两焦点为 F_1，F_2，点 $P(x_0, y_0)$ 满足 $0 < \dfrac{x_0^2}{2} + y_0^2 < 1$，则 $|PF_1| + |PF_2|$ 的取值范围是_____；直线 $\dfrac{x_0 x}{2} + y_0 y = 1$ 与椭圆 C 的公共点个数为_____．

解析：已知点 $P(x_0, y_0)$ 满足 $0 < \dfrac{x_0^2}{2} + y_0^2 < 1$，故 $P(x_0, y_0)$ 在椭圆

C 内，

故 $|F_1F_2| \leqslant |PF_1| + |PF_2| < 2a$，因此 $|PF_1| + |PF_2|$ 的取值范围是 $[2, 2\sqrt{2})$.

又直线 $\dfrac{x_0 x}{2} + y_0 y = 1$ 是 $P(x_0, y_0)$ 关于椭圆 C 的极线，且 $P(x_0, y_0)$ 在椭圆内，故直线 $\dfrac{x_0 x}{2} + y_0 y = 1$ 与椭圆 C 的公共点个数为 0.

解题反思

（1）熟记极点关于圆锥曲线的极线方程形式，以及极点、极线与圆锥曲线相应的位置关系；

（2）任意给定一点（非中心）能写出该点关于圆锥曲线的极线方程；任意给定一条线能写出该直线关于圆锥曲线的极点坐标.

变式 1.1 （2021 新高考全国 II 卷理 11）已知直线 $l: ax + by - r^2 = 0$ 与圆 $C: x^2 + y^2 = r^2$，点 $A(a, b)$，则下列说法正确的是（　　　　）

A. 若点 A 在圆 C 上，则直线 l 与圆 C 相切

B. 若点 A 在圆 C 内，则直线 l 与圆 C 相离

C. 若点 A 在圆 C 外，则直线 l 与圆 C 相离

D. 若点 A 在直线 l 上，则直线 l 与圆 C 相切

变式 1.2 若 $y = kx + 2$ 与椭圆 $\dfrac{x^2}{9} + \dfrac{y^2}{m} = 1$ 恒有公共交点，则 m 的取值范围为 _____ .

例 2 （2013 广东文理）已知抛物线 C 的顶点为原点，其焦点 $F(0, c)$（$c > 0$）到直线 $l: x - y - 2 = 0$ 的距离为 $\dfrac{3\sqrt{2}}{2}$. 设 P 为直线 l 上的点，过点 P 作抛物线 C 的两条切线 PA，PB，其中 A，B 为切点.

（1）求抛物线 C 的方程；

（2）当点 $P(x_0, y_0)$ 为直线 l 上的定点时，求直线 AB 的方程；

（3）当点 P 在直线 l 上移动时，求 $|AF| \cdot |BF|$ 的最小值.

解：（1）依题意 $d = \dfrac{|0-c-2|}{\sqrt{2}} = \dfrac{3\sqrt{2}}{2}$，解得 $c=1$（负根舍去）．

∴ 抛物线 C 的方程为 $x^2 = 4y$.

（2）设点 A（x_1，y_1），B（x_2，y_2），P（x_0，y_0），

则切线 PA：$x_1 x = 2(y_1 + y)$，同理切线 PB：$x_2 x = 2(y_2 + y)$．

∵ 点 P（x_0，y_0）在切线 PA，PB 上，∴ $x_1 x_0 = 2$（$y_1 + y_0$）．①

同理：$x_2 x_0 = 2$（$y_2 + y_0$）．②

综合①、②得，点 A（x_1，y_1），B（x_2，y_2）的坐标都满足方程 $x x_0 = 2$（$y + y_0$）．

∵ 经过 A（x_1，y_1），B（x_2，y_2）两点的直线是唯一的，

∴ 直线 AB 的方程为 $x_0 x - 2y - 2y_0 = 0$.

（3）由抛物线的定义可知 $|AF| = y_1 + 1$，$|BF| = y_2 + 1$，

所以 $|AF| \cdot |BF| = $（$y_1 + 1$）（$y_2 + 1$）$= y_1 + y_2 + y_1 y_2 + 1$.

联立 $\begin{cases} x^2 = 4y, \\ x_0 x - 2y - 2y = 0, \end{cases}$ 消去 x 得 $y^2 + $（$2y_0 - x_0^2$）$y + y_0^2 = 0$，

∴ $y_1 + y_2 = x_0^2 - 2y_0$，$y_1 y_2 = y_0^2$.

∵ $x_0 - y_0 - 2 = 0$，

∴ $|AF| \cdot |BF| = y_0^2 - 2y_0 + x_0^2 + 1 = y_0^2 - 2y_0 + $（$y_0 + 2$）$^2 + 1 = 2y_0^2 + 2y_0 + 5 = 2\left(y_0 + \dfrac{1}{2}\right)^2 + \dfrac{9}{2}$，

∴ 当 $y_0 = -\dfrac{1}{2}$ 时，$|AF| \cdot |BF|$ 取得最小值为 $\dfrac{9}{2}$.

解题反思

（1）利用极点极线的代数定义：根据切点坐标可以快速设出切线、切点弦方程．

（2）一般地，已知二次曲线 Γ：$Ax^2 + Cy^2 + 2Dx + 2Ey + F = 0$，若点 P（x_0，y_0）在二次曲线 Γ 上，则以 P（x_0，y_0）为切点的切线方程为 $Ax_0 x + Cy_0 y + D$（$x + x_0$）$+ E$（$y + y_0$）$+ F = 0$；若点 P（x_0，y_0）在二次曲线 Γ 外，则过

$P(x_0, y_0)$ 与二次曲线 Γ 相切,切点弦所在直线的方程为 $Ax_0x + Cy_0y + D(x + x_0) + E(y + y_0) + F = 0$.

变式 2.1 (2019 全国 III 理) 已知曲线 $C: y = \dfrac{x^2}{2}$, D 为直线 $y = -\dfrac{1}{2}$ 上的动点,过 D 作 C 的两条切线,切点分别为 A, B.

(1) 证明:直线 AB 过定点:

(2) 若以 $E\left(0, \dfrac{5}{2}\right)$ 为圆心的圆与直线 AB 相切,且切点为线段 AB 的中点,求四边形 $ADBE$ 的面积.

变式 2.2 (2013 山东文理) 椭圆 $C: \dfrac{x^2}{a^2} + \dfrac{y^2}{b^2} = 1$ ($a > b > 0$) 的左、右焦点分别是 F_1, F_2, 离心率为 $\dfrac{\sqrt{3}}{2}$, 过 F_1 且垂直于 x 轴的直线被椭圆 C 截得的线段长为 l.

(1) 求椭圆 C 的方程;

(2) 点 P 是椭圆 C 上除长轴端点外的任一点,连接 PF_1, PF_2. 设 $\angle F_1PF_2$ 的平分线 PM 交 C 的长轴于点 $M(m, 0)$, 求 m 的取值范围;

(3) 在 (2) 的条件下,过点 P 作斜率为 k 的直线 l, 使得 l 与椭圆 C 有且只有一个公共点. 设直线 PF_1, PF_2 的斜率分别为 k_1, k_2, 若 $k \neq 0$, 试证明 $\dfrac{1}{kk_1} + \dfrac{1}{kk_2}$ 为定值,并求出这个定值.

变式 2.3 （2015 新课标 I 理）在直角坐标系 xOy 中，曲线 C：$y = \dfrac{x^2}{4}$ 与直线 $y = kx + a$ （$a > 0$）交于 M，N 两点_____.

（1）当 $k = 0$ 时，分别求 C 在点 M 和 N 处的切线方程；

（2）y 轴上是否存在点 P，使得当 k 变动时，总有 $\angle OPM = \angle OPN$？说明理由.

变式 2.4 （2020 全国 I 卷理）已知 $\odot M$：$x^2 + y^2 - 2x - 2y - 2 = 0$，直线 l：$2x + y + 2 = 0$，P 为 l 上的动点，过点 P 作 $\odot M$ 的切线 PA，PB，切点为 A，B，当 $|PM| \cdot |AB|$ 最小时，直线 AB 的方程为（　　　）

A. $2x - y - 1 = 0$　　　　　　　B. $2x + y - 1 = 0$

C. $2x - y + 1 = 0$　　　　　　　D. $2x + y + 1 = 0$

例 3 （2020 全国 I 理 20）已知 A，B 分别为椭圆 E：$\dfrac{x^2}{a^2} + y^2 = 1$ （$a > 1$）的左、右顶点，G 为 E 的上顶点，$\overrightarrow{AG} \cdot \overrightarrow{GB} = 8$，$P$ 为直线 $x = 6$ 上的动点，PA 与 E 的另一交点为 C，PB 与 E 的另一交点为 D.

（1）求 E 的方程式；

（2）证明：直线 CD 过定点.

（1）解：由椭圆方程 E：$\dfrac{x^2}{a^2} + y^2 = 1$ （$a > 1$）可得：A（$-a$，0），B（a，0），G（0，1），$\therefore \overrightarrow{AG} = (a, 1)$，$\overrightarrow{GB} = (a, -1)$，$\therefore \overrightarrow{AG} \cdot \overrightarrow{GB} = a^2 - 1 = 8$，

$\therefore a^2 = 9$，

$\therefore$ 椭圆方程为 $\dfrac{x^2}{9} + y^2 = 1$.

（2）证明：解法一：设 P（6，y_0），则直线 AP 的方程为 $y = \dfrac{y_0 - 0}{6 - (-3)}$（$x$ +3），即 $y = \dfrac{y_0}{9}$（$x+3$）．

由 $\begin{cases} \dfrac{x^2}{9} + y^2 = 1, \\ y = \dfrac{y_0}{9}（x+3）, \end{cases}$ 整理得：$(y_0^2 + 9)x^2 + 6y_0^2 x + 9y_0^2 - 81 = 0$，

解得 $x = -3$ 或 $x = \dfrac{-3y_0^2 + 27}{y_0^2 + 9}$．

将 $x = \dfrac{-3y_0^2 + 27}{y_0^2 + 9}$ 代入直线 $y = \dfrac{y_0}{9}$（$x+3$），可得 $y = \dfrac{6y_0}{y_0^2 + 9}$．

所以点 C 的坐标为 $\left(\dfrac{-3y_0^2 + 27}{y_0^2 + 9}, \dfrac{6y_0}{y_0^2 + 9} \right)$，同理可得点 D 的坐标为 $\left(\dfrac{3y_0^2 - 3}{y_0^2 + 1}, \dfrac{-2y_0}{y_0^2 + 1} \right)$．

根据对称性知定点在 x 轴，设定点坐标为（t，0），

则 $t = \dfrac{\dfrac{6y_0}{y_0^2 + 9} \cdot \dfrac{3y_0^2 - 3}{y_0^2 + 1} + \dfrac{2y_0}{y_0^2 + 1} \cdot \dfrac{-3y_0^2 + 27}{y_0^2 + 9}}{\dfrac{6y_0}{y_0^2 + 9} + \dfrac{2y_0}{y_0^2 + 1}}$

$= \dfrac{18y_0^3 - 18y_0 - 6y_0^3 + 54y_0}{6y_0^3 + 6y_0 + 2y_0^3 + 18y_0} = \dfrac{12y_0^3 + 36y_0}{8y_0^3 + 27y_0}$

$= \dfrac{3}{2}$，

故直线 CD 过定点 $\left(\dfrac{3}{2}, 0 \right)$．

解法二：如图 $4-3-6$ 所示，设直线 CD 与 x 轴交于 M（t，0），根据极点与极线的几何定义知，直线 $x = 6$ 为 M（t，0）关于椭圆 $\dfrac{x^2}{9} + y^2 = 1$ 的极线，且极线方程为 $\dfrac{tx}{9} + 0y = 1$，故 $t = \dfrac{3}{2}$，因此直线 CD 过定点 $\left(\dfrac{3}{2}, 0 \right)$．

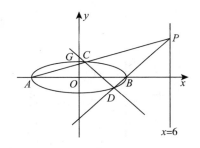

图 4 - 3 - 6

解题反思

（1）熟知极点与极线的几何定义是应用极点与极线性质解决问题的基础；

（2）极点与极线的配极原则是解决圆锥曲线定点定值问题的基本性质，也是定点定值命题的常见背景；值得指出的是，解答过程中不能直接使用该性质，但可以帮助我们明确解决问题的方向，快速得到结论．

变式 3.1　已知椭圆 M：$\dfrac{x^2}{a^2} + \dfrac{y^2}{b^2} = 1$（$a > b > 0$）过 A（-2，0），B（0，1）两点．

（1）求椭圆 M 的离心率；

（2）设椭圆 M 的右顶点为 C，点 P 在椭圆 M 上（P 不与椭圆 M 的顶点重合），直线 AB 与直线 CP 交于点 Q，直线 BP 交 x 轴于点 S，求证：直线 SQ 过定点．

变式 3.2　（2011 四川理）如图 4 - 3 - 7 所示，已知椭圆的两顶点 A（-1，0），B（1，0），过其焦点 F（0，1）的直线 l 与椭圆交于 C，D 两点，并与 x 轴交于点 P．直线 AC 与直线 BD 交于点 Q．

（1）当 $|CD| = \dfrac{3}{2}\sqrt{2}$时，求直线 l 的方程式；

（2）当点 P 异于 A，B 两点时，求证：$\overrightarrow{OP} \cdot \overrightarrow{OQ}$ 为定值．

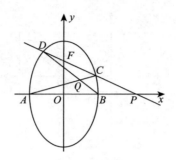

图 4 - 3 - 7

变式 3. 3 （2021 湖北模拟）已知椭圆 C：$\dfrac{x^2}{4} + \dfrac{y^2}{2} = 1$ 的左、右顶点分别为

A，B，过 x 轴上点 M（-4，0）作一直线 PQ 与椭圆交于 P，Q 两点（异于 A，B），若直线 AP 和 BQ 的交点为 N，记直线 MN 和 AP 的斜率分别为 k_1，k_2，则 $k_1 : k_2 = $（　　）

A. $\dfrac{1}{3}$ B. 3   C. $\dfrac{1}{2}$ D. 2

附 录

参考答案

第一章　参考答案

第一节　直线的方程形式及其应用

变式 1.1　D

解析：已知直线 $(2a+1)x+ay-2=0$，则直线方程的截距式为 $\dfrac{x}{\frac{2}{2a+1}}+\dfrac{y}{\frac{2}{a}}=1$，

则 $\dfrac{2}{2a+1}=\dfrac{2}{a}$，解得 $a=-1$.

变式 1.2　$y=\dfrac{3}{2}x$ 或 $x+2y-8=0$

解析：①当直线与坐标轴的截距为 0 时，设直线 l：$y=kx$，

则 $k=\dfrac{3}{2}$，故直线 l 的方程为 $y=\dfrac{3}{2}x$；

②当直线与坐标轴的截距不为 0 时，设直线 l：$\dfrac{x}{2a}+\dfrac{y}{a}=1$，

则 $\dfrac{2}{2a}+\dfrac{3}{a}=1$，解得 $a=4$，故直线 l：$x+2y-8=0$.

综上所述：直线 l 的方程为 $y=\dfrac{3}{2}x$ 或 $x+2y-8=0$.

变式 1.3　$x+2y-4=0$　$x+\sqrt{2}y-2-\sqrt{2}=0$

解析：依题意设直线 l：$\dfrac{x}{a}+\dfrac{y}{b}=1$（$a>0$，$b>0$），

则 $\dfrac{2}{a}+\dfrac{1}{b}=1$，又 $|OA|\cdot|OB|=ab$ 且 $1=\dfrac{2}{a}+\dfrac{1}{b}\geqslant 2\sqrt{\dfrac{2}{ab}}$，即 $ab\geqslant 8$，

"$=$" 成立的条件为 $a=4$，$b=2$，此时直线 l 的方程为 $x+2y-4=0$；

$|OA|+|OB|=a+b=(a+b)\left(\dfrac{2}{a}+\dfrac{1}{b}\right)=3+\dfrac{2b}{a}+\dfrac{a}{b}\geqslant 3+2\sqrt{2}$，

"$=$" 成立的条件为 $a=2+\sqrt{2}$，$b=1+\sqrt{2}$，此时直线 l 的方程为 $x+\sqrt{2}y-2-\sqrt{2}=0$.

第二节 直线系方程及其应用

变式 1.1 C

解析：已知 $l_1//l_2$，则 $2-a(a-1)=0$，即 $a^2-a-2=0$，解得 $a=2$ 或 $a=-1$.

当 $a=2$ 时，l_1：$x+y+2=0$，l_2：$x+y+\dfrac{1}{2}=0$，则 l_1 与 l_2 的距离为 $\dfrac{3\sqrt{2}}{4}$，

不符合题意；

当 $a=-1$ 时，l_1：$x-2y+2=0$，l_2：$x-2y-1=0$，则 l_1 与 l_2 的距离为 $\dfrac{3\sqrt{5}}{5}$.

变式 1.2 AB

解析：设直线 l_1 的方程为 $3x-4y+m=0$，

则 $\dfrac{|m+20|}{5}=3$，解得 $m=-5$ 或 $m=-35$，故选 AB.

变式 1.3 $2x-y+1=0$

解析：设直线 l 的方程为 $2x-y+m=0$，

则 $\dfrac{|m-3|}{\sqrt{5}}=\dfrac{|m+1|}{\sqrt{5}}$，解得 $m=1$，故直线 l 的方程为 $2x-y+1=0$.

变式 2.1 $x+2y=0$

解析：设直线方程为 $x+2y+C=0$，则 $-2+2+C=0$，即 $C=0$，

故直线方程为 $x+2y=0$.

变式 2.2　1

解析：依题意 $2 - 2m = 0$，故 $m = 1$.

变式 3.1　C

解析：$\because \cos^2 \theta + \sin^2 \theta = 1$，$\therefore P$ 为单位圆上一点，而直线 $x - my - 2 = 0$ 过点 $A(2, 0)$，所以 d 的最大值为 $OA + 1 = 2 + 1 = 3$，故选 C.

变式 3.2　$(x - 1)^2 + y^2 = 2$

解析：因为直线 $mx - y - 2m - 1 = 0$（$m \in \mathbf{R}$）恒过点（2，−1），所以当点（2，−1）为切点时，半径最大，此时半径 $r = \sqrt{2}$，故所求圆的标准方程为 $(x - 1)^2 + y^2 = 2$.

变式 3.3　$-\dfrac{3}{4}$

解析：已知直线 l：$(2m + 1) x + (m + 1) y - 7m - 4 = 0$（$m \in \mathbf{R}$），变形得 $x + y - 4 + m (2x + y - 7) = 0$，由 $\begin{cases} x + y - 4 = 0, \\ 2x + y - 7 = 0, \end{cases}$ 解得 $\begin{cases} x = 3, \\ y = 1. \end{cases}$

故直线 l 恒过定点 P（3，1），则直线 l 被圆 C 截得的弦最短时，则 $l \perp CP$，即 $k_l \cdot k_{CP} = -\dfrac{2m + 1}{m + 1} \cdot \dfrac{1 - 2}{3 - 1} = -1$，解得 $m = -\dfrac{3}{4}$.

变式 4.1　$3x + 4y = 0$ 或 $x + y + 1 = 0$，

解析：设直线方程为 $2x + 5y - 7 + \lambda (3x + 2y + 6) = 0$.

即 $(2 + 3\lambda) x + (5 + 2\lambda) y + 6\lambda - 7 = 0$，

又直线在两坐标轴上的截距相等，则 $6\lambda - 7 = 0$ 或 $\begin{cases} 2 + 3\lambda = 5 + 2\lambda, \\ 6\lambda - 7 \neq 0, \end{cases}$

解得 $\lambda = \dfrac{7}{6}$ 或 $\lambda = 3$，故直线方程为 $3x + 4y = 0$ 或 $x + y + 1 = 0$.

变式 4.2　$x - y = 0$

解析：设直线方程为 $3x - 2y + 1 + \lambda (x + 3y + 4) = 0$，即 $(3 + \lambda) x + (3\lambda - 2) y + 4\lambda + 1 = 0$，

则 $3\lambda - 2 + (3 + \lambda) = 0$，解得 $\lambda = -\dfrac{1}{4}$，故直线方程为 $x - y = 0$.

变式4.3　$3x + y - 8 = 0$

解析：设直线方程为 $x + 2y - 6 + \lambda (x - 2y + 2) = 0$，即 $(1 + \lambda) x + (2 - 2\lambda) y + 2\lambda - 6 = 0$，

则 $\lambda + 1 - 3 (2 - 2\lambda) = 0$，解得 $\lambda = \dfrac{5}{7}$，故直线方程为 $3x + y - 8 = 0$.

第三节　圆中的最值问题

变式1.1　（1）$\left[-\sqrt{3}, \sqrt{3} \right]$　　（2）$\left[7 - 4\sqrt{3}, 7 + 4\sqrt{3} \right]$

变式1.2　$\left[-\dfrac{4}{3}, 0 \right]$

变式2.1　$[4, 6]$

解析：已知圆 C 上存在点 P，使得 $\angle APB = 90°$，即以 O 为原点，m 为半径的圆与圆 $C: (x - 3)^2 + (y - 4)^2 = 1$ 有交点，因此 $|OC| - 1 \leqslant m \leqslant |OC| + 1$，

因此 m 的取值范围为 $[4, 6]$.

变式2.2　A

解析：圆 C_1，C_2 的圆心分别为 C_1，C_2，由题意知 $|PM| \geqslant |PC_1| - 1$，$|PN| \geqslant |PC_2| - 3$，

∴ $|PM| + |PN| \geqslant |PC_1| + |PC_2| - 4$，故所求值为 $|PC_1| + |PC_2| - 4$ 的最小值.

又 C_1 关于 x 轴对称的点为 $C_3 (2, -3)$，

所以 $|PC_1| + |PC_2| - 4$ 的最小值为 $|C_2 C_3| - 4 = \sqrt{(2 - 3)^2 + (-3 - 4)^2} - 4 = 5\sqrt{2} - 4$，故选 A.

变式2.3　B

解析：依题意知线段 AC 为直径，设 O 为圆心，

则 $|\overrightarrow{PA} + \overrightarrow{PB} + \overrightarrow{PC}| = |2\overrightarrow{PO} + \overrightarrow{PB}| \leqslant 2|\overrightarrow{PO}| + |\overrightarrow{PB}| \leqslant 4 + 3 = 7$.

"$=$" 成立的条件为 B，O，P 三点共线.

变式 3.1 C

变式 3.2 $\sqrt{5}-2$

解析: 函数 $y=-\sqrt{4-(x-1)^2}$ 变形得 $(x-1)^2+y^2=4$ ($y\le 0$), 则点 P 对应的轨迹为圆心 (1, 0), 半径为 2 的圆的下半部分. 又点 Q $(2a, a-3)$ ($a\in\mathbf{R}$) 在直线 $x-2y-6=0$ 上, 且圆心 (1, 0) 到直线 $x-2y-6=0$ 的距离 $d=\dfrac{5}{\sqrt{5}}=\sqrt{5}$,

结合图像知 $|PQ|_{\min}=d-2=\sqrt{5}-2$.

变式 4.1 4

变式 4.2 B

变式 4.3 A

解析: 已知直线 $l: y=kx-k+2$ ($k\in\mathbf{R}$) 恒过定点 P $(1,2)$, 且定点 P $(1, 2)$ 在圆 C 内,

故 $|PQ|=2\sqrt{4-|PC|^2}=2\sqrt{2}$, $|MN|=4$ 且 $MN\perp PQ$,

所以四边形 $PMQN$ 的面积 $S=\dfrac{1}{2}|MN||PQ|=4\sqrt{2}$.

变式 5.1 $\left[0, \dfrac{8}{5}\right]$

解析: 已知 P (x_0, y_0) 在圆 C 外, 过点 P 作圆 C 的切线与圆相切于点 M, 则 $\angle OPQ\le\angle OPM$, 若圆 C 上存在点 Q, 使得 $\angle OPQ=45°$, 则 $45°\le\angle OPM$,

故 $\sin\angle OPM=\dfrac{\sqrt{2}}{|OP|}\ge\dfrac{\sqrt{2}}{2}$, 则 $|OP|\le 2$, 即 $x_0^2+y_0^2=x_0^2+\left(\dfrac{4-x_0}{2}\right)^2\le 4$,

解得 $x_0\in\left[0, \dfrac{8}{5}\right]$.

变式 5.2 A

解析: 过点 M 作圆 C 的切线与圆相切于点 P,

则 $\angle OMN\le\angle OMP$, 若圆 C 上存在点 N, 使得 $\angle OMN=45°$, 则 $45°\le\angle OMP$,

故 $\sin\angle OMP=\dfrac{1}{|OM|}\ge\dfrac{\sqrt{2}}{2}$, 则 $|OM|\le\sqrt{2}$, 即 $x_0^2+1\le 2$, 解得 $x_0\in[-1, 1]$.

变式 6.1　B

解析：由题意和题图可知，当 P 为优弧 $\overset{\frown}{APB}$ 的中点时，阴影部分的面积取

最大值，如图 $1-3-1$ 所示，设圆心为 O，$\angle AOB = 2\beta$，$\angle BOP = \angle AOP = \dfrac{1}{2}$

$(2\pi - 2\beta) = \pi - \beta.$

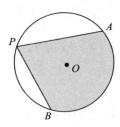

图 $1-3-1$

此时阴影部分面积 $S = S_{扇形AOB} + S_{\triangle AOP} + S_{\triangle BOP} = \dfrac{1}{2} \times 2\beta \times 2^2 + \dfrac{1}{2} \times 2 \times 2 \times$

$\sin(\pi - \beta) = 4\beta + 4\sin\beta.$ 故选 B.

变式 6.2　2

解析：已知 $\odot M$：$(x-1)^2 + (y-1)^2 = 4$，所以圆心 $M(1, 1)$．连接 AM，

BM，易知四边形 $PMAB$ 的面积 $S = 2 \cdot \dfrac{1}{2} |PA| \cdot |AM| = |PA| \cdot |AM| = 2|PA|$

$= 2\sqrt{|PM|^2 - 4}.$

又 $|PM|$ 的最小值为圆心 M 到直线 l：$2x + y + 2 = 0$ 的距离，即 $|PM|_{\min} = \dfrac{5}{\sqrt{5}} = \sqrt{5}$，

故四边形 $PMAB$ 的面积的最小值为 2.

第四节　常见的隐形圆模型

变式 1.1　$(x-1)^2 + y^2 = 1$，

解析：假设存在，则易知圆 M 与圆 C 同心，设圆 M 的半径为 r．

又 $\angle APB = 60°$，则 $\angle APC = 30°$，$|PC| = 2r = 2$，则 $r = 1$.

圆 M 的方程为 $(x-1)^2 + y^2 = 1$.

变式 1.2 $\left[2 - \dfrac{\sqrt{2}}{2}, \ 2 + \dfrac{\sqrt{2}}{2} \right]$

解析：已知圆 M 的圆心为 $(a, a-4)$，又 $\angle APB = 60°$，则 $\angle APO = 30°$，

$|PO| = 2OA = 2$. 又 $|OM| - 1 \leqslant |PO| \leqslant |OM| + 1$，

即 $1 \leqslant |OM| \leqslant 3$，即 $1 \leqslant a^2 + (a-4)^2 \leqslant 9$，解得 $a \in \left[2 - \dfrac{\sqrt{2}}{2}, \ 2 + \dfrac{\sqrt{2}}{2} \right]$.

变式 1.3 B

解析：设圆 $x^2 + y^2 = 5$ 的圆心为 O $(0, 0)$，已知 $|\overrightarrow{AB}| = \sqrt{15}$，则圆心 O

$(0, 0)$ 到 AB 的距离 $d = \sqrt{5 - \dfrac{15}{4}} = \dfrac{\sqrt{5}}{2}$. 设线段 AB 的中点为 N，则 N 在以原点

为圆心，以 $r = \dfrac{\sqrt{5}}{2}$ 的圆上，

又原点到直线 $2x + y = 10$ 的距离 $d' = 2\sqrt{5}$，

则 $|\overrightarrow{MA} + \overrightarrow{MB}|_{\min} = 2 |\overrightarrow{MN}|_{\min} = 2 \ (d' - r) \ = 2\left(2\sqrt{5} - \dfrac{\sqrt{5}}{2} \right) = 3\sqrt{5}$.

变式 1.4 C

解析：设圆 $x^2 + y^2 = 5$ 的圆心为 O $(0, 0)$，已知 $|\overrightarrow{AB}| = 2\sqrt{2}$，则圆心 O

$(0, 0)$ 到 AB 的距离 $d = \sqrt{6 - 2} = 2$，设线段 AB 的中点为 N，则 N 在以原点为

圆心，以 $r = 4$ 的圆上.

又圆 $x^2 + y^2 = 16$ 的圆心为 O $(0, 0)$，半径 $r' = 4$，

则 $|\overrightarrow{MA} + \overrightarrow{MB}|_{\min} = 2 |\overrightarrow{MN}|_{\min} = 2 \ (r' - r) \ = 2 \times \ (4 - 2) \ = 4$.

变式 2.1 $\left[-\dfrac{\sqrt{7}}{2}, \ \dfrac{\sqrt{7}}{2} \right]$

解析：设 M (x, y)，由 B $(1, 0)$，则 $(x-2)^2 + y^2 + x^2 + y^2 \leqslant 10$，

即 $(x-1)^2 + y^2 \leqslant 4$，圆 C：$(x+1)^2 + y^2 = 2$ 与圆 $(x-1)^2 + y^2 = 4$ 联立两圆

方程解得 $x = -\dfrac{1}{2}$，代入 $(x-1)^2 + y^2 \leqslant 4$，解得 $y \in \left[-\dfrac{\sqrt{7}}{2}, \ \dfrac{\sqrt{7}}{2} \right]$.

变式 2.2　$x^2+y^2-x-y-1=0$

解析：设线段 PQ 的中点为 M（x，y），则 $OM\perp PQ$.

又 $\angle PAQ=90°$，则 $AM=MP$，在 $Rt\triangle OMP$ 中，$|OM|^2+|MP|^2=|OM|^2+|AP|^2=4$，

则 $x^2+y^2+(x-1)^2+(y-1)^2=4$，化简得 $x^2+y^2-x-y-1=0$.

变式 2.3　$\left[\sqrt{6}-\sqrt{2},\ \sqrt{6}+\sqrt{2}\right]$

解析：设线段 BC 的中点为 M（x，y），则 $OM\perp BC$.

又 $AB\perp AC$，则 $AM=MC$. 在 $Rt\triangle OMC$ 中，$|OM|^2+|MC|^2=|OM|^2+|AM|^2=4$，

则 $x^2+y^2+(x-1)^2+(y-1)^2=4$，化简得 $\left(x-\dfrac{1}{2}\right)^2+\left(y-\dfrac{1}{2}\right)^2=\dfrac{3}{2}$.

故点 M（x，y）在以 $\left(\dfrac{1}{2},\ \dfrac{1}{2}\right)$ 为圆心，$\dfrac{3\sqrt{2}}{2}$ 为半径的圆上，则 $\dfrac{\sqrt{6}-\sqrt{2}}{2}\leqslant|AM|\leqslant\dfrac{\sqrt{6}+\sqrt{2}}{2}$，

故 $|BC|=2|AM|\in\left[\sqrt{6}-\sqrt{2},\ \sqrt{6}+\sqrt{2}\right]$.

变式 3.1　A

解析：设 $AB=2a$（$a>0$），以 AB 中点为坐标原点建立如图所示的平面直角坐标系，

则 A（$-a$，0），B（a，0）. 设 C（x，y），可得 $\overrightarrow{AC}=$（$x+a$，y），$\overrightarrow{BC}=$（$x-a$，y），

从而 $\overrightarrow{AC}\cdot\overrightarrow{BC}=$（$x+a$）（$x-a$）$+y^2=1$.

整理可得 $x^2+y^2=a^2+1$，即点 C 的轨迹是以 AB 中点为圆心，$\sqrt{a^2+1}$ 为半径的圆.

变式 3.2　$(-\infty,\ 2)$

解析：设 P（x，y），可得：$\overrightarrow{AP}=$（$x-2$，$y-3$），$\overrightarrow{BP}=$（$x-6$，$y+3$），

又 $\overrightarrow{AP}\cdot\overrightarrow{BP}+2\lambda=0$，即 $(x-4)^2+y^2=13-2\lambda\left(\lambda<\dfrac{13}{2}\right)$.

依题意得圆 $(x-4)^2+y^2=13-2\lambda\left(\lambda<\dfrac{13}{2}\right)$ 与直线 $3x-4y+3=0$ 相交,

故圆心到直线的距离 $d=\dfrac{15}{5}=3<\sqrt{13-2\lambda}$,解得 $\lambda\in(-\infty,2)$.

变式 3.3　D

解析:设 $M(x,y)$,可得:$\overrightarrow{AM}=(x+1,y)$,$\overrightarrow{BP}=(x-1,y)$,

则 $\overrightarrow{MA}\cdot\overrightarrow{MB}=x^2+y^2-1=8$,即 $x^2+y^2=9$.

又圆 $x^2+y^2=9$ 与圆 $(x-a+1)^2+(y-a-2)^2=1$ 有公共点,

则 $2\leqslant\sqrt{(a-1)^2+(a+2)^2}\leqslant4$,解得 $\dfrac{-1-\sqrt{23}}{2}\leqslant a\leqslant\dfrac{-1+\sqrt{23}}{2}$.

变式 4.1　$\sqrt{3}$

解析:已知 $a=2$ 且 $(b+2)(\sin A-\sin B)=(c-b)\sin C$,

由正弦定理得 $a^2-b^2=c^2-bc$,即 $a^2=b^2+c^2-bc$.

由余弦定理得 $\cos A=\dfrac{b^2+c^2-a^2}{2bc}=\dfrac{1}{2}$,又 $A\in(0,\pi)$,所以 $A=\dfrac{\pi}{3}$.

如图 $1-4-1$ 所示,点 A 的运动轨迹为圆中的优弧,因此 $\triangle ABC$ 为等边三

角形时,面积最大且 $\triangle ABC$ 面积的最大值为 $\sqrt{3}$.

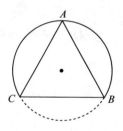

图 $1-4-1$

变式 4.2　$\sqrt{3}$

解析:已知 $a=6$ 且 $\dfrac{a}{\sqrt{3}\cos A}=\dfrac{c}{\sin C}$,由正弦定理得 $\dfrac{\sin A}{\sqrt{3}\cos A}=\dfrac{\sin C}{\sin C}$,即

$\tan A=\sqrt{3}$.

又 $A\in(0,\pi)$,所以 $A=\dfrac{\pi}{3}$.

如图 1 - 4 - 2 所示，点 A 的运动轨迹为圆中的优弧，因此 $\triangle ABC$ 为等边三角形时，边 BC 上的中线长取得最大值，且最大值为 $\sqrt{3}$.

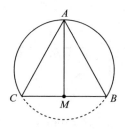

图 1 - 4 - 2

变式 5.1　$2\sqrt{2}$

解析：如图 1 - 4 - 3 所示，建立以 AB 所在的直线为 x 轴，A 为原点的直角坐标系，

则 A（0，0），B（2，0）. 设 C（x，y），

由 $AC = \sqrt{2}BC$，即 $AC^2 = 2BC^2$，即 $x^2 + y^2 = 2\left[(x-2)^2 + y^2\right]$（$y \neq 0$），

化简变形得 $(x-4)^2 + y^2 = 8$（$y \neq 0$），

故点 C 的轨迹是半径为 $2\sqrt{2}$ 的圆，当点 C 到直线 AB 的距离最大，即为半径时，$\triangle ABC$ 的面积最大且最大值为 $2\sqrt{2}$.

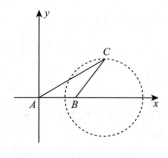

图 1 - 4 - 3

变式 5.2　$\dfrac{8}{3}$

解析：如图 1 - 4 - 4 所示，建立以 CD 所在的直线为 x 轴，C 为原点的直角坐标系，

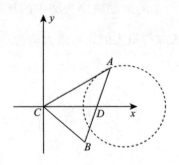

图 1 - 4 - 4

则 C （0，0），D （2，0），设 A （x，y），

由 $AC = 2AD$，即 $x^2 + y^2 = 4\left[(x-2)^2 + y^2\right]$ （$y \neq 0$），

化简变形得 $\left(x - \dfrac{8}{3}\right)^2 + y^2 = \dfrac{16}{9}$ （$y \neq 0$），

故点 A 的轨迹是半径为 $\dfrac{4}{3}$ 的圆，当点 A 到直线 CD 的距离最大即为半径时，

$\triangle ABC$ 的面积最大且最大值为 $2 \times \dfrac{1}{2} \times 2 \times \dfrac{4}{3} = \dfrac{8}{3}$.

变式5.3 解： （1）由 $\begin{cases} y = 2x - 4, \\ y = x - 1, \end{cases}$ 得圆心 C 为 （3，2），∵ 圆 C 的半径

为 1，

∴ 圆 C 的方程为 $(x-3)^2 + (y-2)^2 = 1$.

显然切线的斜率一定存在，设所求圆 C 的切线方程为 $y = kx + 3$，即 $kx - y + 3 = 0$，

∴ $\dfrac{|3k - 2 + 3|}{\sqrt{k^2 + 1}} = 1$，∴ $|3k + 1| = \sqrt{k^2 + 1}$，∴ $2k(4k + 3) = 0$，∴ $k = 0$ 或 k

$= -\dfrac{3}{4}$.

∴ 所求圆 C 的切线方程为 $y = 3$ 或 $3x + 4y - 12 = 0$.

（2）∵ 圆 C 的圆心在直线 l：$y = 2x - 4$ 上，所以，设圆心 C 为 （a，$2a - 4$），

则圆 C 的方程为 $(x - a)^2 + [y - (2a - 4)]^2 = 1$.

又 $\because MA = 2MO$，$\therefore$ 设 M 为 (x, y)，则 $\sqrt{x^2 + (y-3)^2} = 2\sqrt{x^2 + y^2}$，整理得 $x^2 + (y+1)^2 = 4$，设为圆 D，$\therefore$ 点 M 应该既在圆 C 上又在圆 D 上，即圆 C 和圆 D 有交点，

$\therefore |2-1| \leqslant \sqrt{a^2 + [(2a-4) - (-1)]^2} \leqslant |2+1|$.

由 $5a^2 - 12a + 8 \geqslant 0$，且 $5a^2 - 12a \leqslant 0$，解得 $0 \leqslant a \leqslant \dfrac{12}{5}$，

综上所述，a 的取值范围为 $\left[0, \dfrac{12}{5}\right]$.

第五节　圆锥曲线的标准方程及其求法

变式 1.1　$\dfrac{x^2}{16} + \dfrac{y^2}{12} = 1$

变式 1.2　$\dfrac{x^2}{4} + \dfrac{y^2}{2} = 1$

变式 1.3　$\dfrac{x^2}{6} + \dfrac{y^2}{2} = 1$

变式 1.4　$\dfrac{x^2}{8} + \dfrac{y^2}{4} = 1$

变式 2.1　$\dfrac{x^2}{9} + \dfrac{y^2}{5} = 1$

解析：设 $M(x, y)$，圆心 $C(-2, 0)$，半径 $r = 6$，设动圆与定圆内切于点 B，

则 $|MC| = 6 - |MB| = 6 - |MA|$，即 $|MC| + |MA| = 6 > |AC| = 4$，

故圆心 M 的轨迹为椭圆，且 $2a = 6$，$2c = 4$，则 $a = 3$，$b = \sqrt{5}$，

所以 M 的轨迹方程为 $\dfrac{x^2}{9} + \dfrac{y^2}{5} = 1$.

变式 2. 2 $\dfrac{x^2}{64}+\dfrac{y^2}{48}=1$

解析：设动圆圆心 M $(x，y)$，动圆半径为 r，

则 $\begin{cases} |MC_1|=13-r， \\ |MC_2|=r+3， \end{cases}$ 则 $|MC_1|+|MC_2|=16>|C_1C_2|=8$，

故圆心 M 的轨迹为椭圆，且 $2a=16$，$2c=8$，则 $a=8$，$b=4\sqrt{3}$，

所以 M 的轨迹方程为 $\dfrac{x^2}{64}+\dfrac{y^2}{48}=1$.

变式 2. 3 $\dfrac{x^2}{4}-\dfrac{y^2}{5}=1$ $(x>0)$

解析：设动圆圆心 M $(x，y)$，动圆半径为 r，

则 $\begin{cases} |MC_1|=r+3， \\ |MC_2|=r-1， \end{cases}$ 则 $|MC_1|-|MC_2|=4<|C_1C_2|=6$，且 $|MC_1|>|MC_2|$，

故圆心 M 的轨迹为双曲线的右支，且 $2a=4$，$2c=6$，则 $a=2$，$b=\sqrt{5}$，

所以 M 的轨迹方程为 $\dfrac{x^2}{4}-\dfrac{y^2}{5}=1$ $(x>0)$.

变式 2. 4 $x^2-\dfrac{y^2}{8}=1$ $(x>0)$

解析：设动圆圆心 M $(x，y)$，动圆半径为 r，

则 $\begin{cases} |MC_1|=r+3， \\ |MC_2|=r+1， \end{cases}$ 则 $|MC_1|-|MC_2|=2<|C_1C_2|=6$，且 $|MC_1|>|MC_2|$，

故圆心 M 的轨迹为双曲线的右支，且 $2a=2$，$2c=6$，则 $a=1$，$b=2\sqrt{2}$，

所以 M 的轨迹方程为 $x^2-\dfrac{y^2}{8}=1$ $(x>0)$.

变式 2. 5 $y^2=-8x$

解析：设动圆圆心 M $(x，y)$，动圆半径为 r，则 $|MC_1|=r+1$，

圆心 M 到直线 $x=1$ 的距离为 r，则圆心 M 到圆心 C_1 的距离等于到直线 $x=2$ 的距离，

故圆心 M 的轨迹为抛物线，且 $\dfrac{p}{2}=2$，则 $p=4$，所以 M 的轨迹方程为 $y^2=-8x.$

第六节　椭圆与双曲线的焦点三角形

变式 1.1　5

解析：已知 $|AF_1| = 3|BF_1|$，$|AB| = 4$，故 $|AF_1| = 3$，$|BF_1| = 1$，

又 $\triangle ABF_2$ 的周长为 16，即 $4a = 16$，则 $a = 4$.

又 $|AF_1| + |AF_2| = 2a = 8$，故 $|AF_2| = 5$.

变式 1.2　44

解析：已知双曲线 $C: \dfrac{x^2}{9} - \dfrac{y^2}{16} = 1$，则 $a = 3$，$b = 4$，$c = 5$，故 $A\,(5,0)$ 为右焦点.

又 $|PQ| = 2 \times 2b = 16$，由 $|PF_1| + |QF_1| - |PQ| = 4a = 16$，得 $|PF_1| + |QF_1| = 32$，

所以 $\triangle PQF$ 的周长为 $|PF_1| + |QF_1| + |PQ| = 44$.

变式 1.3　$\dfrac{\sqrt{2}}{2}$

解析：已知 $|AF_2| : |AB| : |BF_2| = 3 : 4 : 5$，则 $AB \perp AF_2$.

设 $|AF_2| = 3t$，则 $|AF_2| + |AB| + |BF_2| = 12t = 4a$，故 $t = \dfrac{a}{3}$，则 $|AF_2| = a$，故 $|AF_1| = a$.

在 $\mathrm{Rt}\triangle F_1AF_2$ 中，$|AF_1|^2 + |AF_2|^2 = |F_1F_2|^2$，即 $2a^2 = 4c^2$，故 $e = \dfrac{\sqrt{2}}{2}$.

变式 2.1　3

变式 2.2　B

解析：依题意 $\dfrac{b^2}{\tan\frac{\theta}{2}} = \dfrac{1}{2}|PF_1| \cdot |PF_2|\sin 60°$，故 $|PF_1| \cdot |PF_2| = 4$.

变式 2.3 B

解析：依题意得 $\begin{cases} |PF_1| - |PF_2| = 2, \\ |PF_1| : |PF_2| = 3 : 2, \end{cases}$ 解得 $|PF_1| = 6$，$|PF_2| = 4$，

则 $|PF_1|^2 + |PF_2|^2 = |F_1F_2|^2$，则 $S_{\triangle PF_1F_2} = \dfrac{1}{2}|PF_1\|PF_2| = 12$.

变式 2.4 B

解析：设 B 为椭圆短轴的一个顶点，则 $90° = \angle F_1PF_2 \leqslant \angle F_1BF$，

故 $\sin \dfrac{\angle F_1BF}{2} = \dfrac{c}{a} \geqslant \sin 45° = \dfrac{\sqrt{2}}{2}$，因此 $e \in \left[\dfrac{\sqrt{2}}{2},\ 1\right)$.

变式 2.5 A

解析：设 P 为椭圆短轴的一个顶点，则 $\angle APB \geqslant \angle AMB = 120°$.

① 当 $m < 3$ 时，则 $\tan \dfrac{\angle APB}{2} = \dfrac{\sqrt{3}}{\sqrt{m}} \geqslant \tan 60° = \sqrt{3}$，解得 $m \in (0,\ 1]$；

② 当 $m > 3$ 时，则 $\tan \dfrac{\angle APB}{2} = \dfrac{\sqrt{m}}{\sqrt{3}} \geqslant \tan 60° = \sqrt{3}$，解得 $m \in [9,\ +\infty)$.

综上所述，$m \in (0,\ 1] \cup [9,\ +\infty)$.

变式 3.1 6

解析：已知 AM 为 $\angle F_1AF_2$ 的平分线，则 $\dfrac{|AF_2|}{|AF_1|} = \dfrac{|MF_2|}{|MF_1|} = \dfrac{4}{8} = \dfrac{1}{2}$，

故 $|AF_1| = 2|AF_2|$，则 $|AF_1| - |AF_2| = |AF_2| = 2a = 6$.

变式 3.2 $\left(-\dfrac{3}{2},\ \dfrac{3}{2}\right)$

解析：已知 PM 为 $\angle F_1PF_2$ 的平分线，则 $\dfrac{|PF_2|}{|PF_1|} = \dfrac{|MF_2|}{|MF_1|} = \dfrac{\sqrt{3} - m}{\sqrt{3} + m} =$

$\dfrac{4 - |PF_1|}{|PF_1|} = \dfrac{4}{|PF_1|} - 1$，即 $\dfrac{\sqrt{3} - m}{\sqrt{3} + m} + 1 = \dfrac{2\sqrt{3}}{\sqrt{3} + m} = \dfrac{4}{|PF_1|}$，

则 $|PF_1| = \dfrac{2(\sqrt{3} + m)}{\sqrt{3}} \in (2 - \sqrt{3},\ 2 + \sqrt{3})$，解得 $m \in \left(-\dfrac{3}{2},\ \dfrac{3}{2}\right)$.

变式 4.1 12

解析：设 MN 交椭圆于点 P，连接 F_1P 和 F_2P，利用中位线性质可得 $|AN| + |BN| = 2|F_1P| + 2|F_2P| = 2 \times 2a = 4a = 12$.

变式 4.2 B

解析：如图 $1-4-5$ 所示，设 MF_2 的中点为 A，则 OA 为 $\triangle F_1MF_2$ 的中位线，故两圆圆心距为 $d = |OA| = \frac{1}{2}|MF_1| = \frac{1}{2}(2a - |MF_2|) = a - \frac{1}{2}|MF_2|$，因此两圆外切．

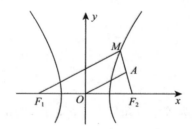

图 $1-4-5$

变式 4.3 $\sqrt{15}$

解析：设 PF_1 的中点为 M，由题意可知 $|OF| = |OM| = c = 2$，由中位线定理可得 $|PF_1| = 2|OM| = 4$，由椭圆的定义知 $|PF| = 2$，则 $|MF| = \frac{1}{2}|PF| = 1$.

在 $\triangle MFO$ 中，由余弦定理得 $\cos \angle MFO = \frac{|MF|^2 + |OF|^2 - |OM|^2}{2|MF||OF|} = \frac{1}{4}$，

所以 $k_{PF} = \tan \angle MFO = \sqrt{15}$.

第七节 离心率的求法

变式 1.1 A

解析：以线段 A_1A_2 为直径的圆是 $x^2 + y^2 = a^2$，直线 $bx - ay + 2ab = 0$ 与圆相切，所以圆心到直线的距离 $d = \frac{2ab}{\sqrt{a^2 + b^2}} = a$，整理为 $a^2 = 3b^2$，即 $a^2 = 3(a^2 - $

c^2) $\Rightarrow 2a^2 = 3c^2$ ，即 $\dfrac{c^2}{a^2} = \dfrac{2}{3}$ ， $e = \dfrac{c}{a} = \dfrac{\sqrt{6}}{3}$ ，故选 A.

变式 1.2 $\dfrac{\sqrt{6}}{3}$

解析：由题意得 F (c , 0)，直线 $y = \dfrac{b}{2}$ 与椭圆方程联立可得 $B\left(-\dfrac{\sqrt{3}a}{2}, \ \dfrac{b}{2} \right)$ ，

$C\left(\dfrac{\sqrt{3}a}{2}, \ \dfrac{b}{2} \right)$ ，由 $\angle BFC = 90°$ 可得 $\overrightarrow{BF} \cdot \overrightarrow{CF} = 0$ ， $\overrightarrow{BF} = \left(c + \dfrac{\sqrt{3}a}{2}, \ -\dfrac{b}{2} \right)$ ， $\overrightarrow{CF} =$

$\left(c - \dfrac{\sqrt{3}a}{2}, \ -\dfrac{b}{2} \right)$ ，则 $c^2 - \dfrac{3}{4}a^2 + \dfrac{1}{4}b^2 = 0$ ，由 $b^2 = a^2 - c^2$ 可得 $\dfrac{3}{4}c^2 = \dfrac{1}{2}a^2$ ，

则 $e = \dfrac{c}{a} = \sqrt{\dfrac{2}{3}} = \dfrac{\sqrt{6}}{3}$.

变式 1.3 D

解析：已知 $\triangle PF_1F_2$ 为等腰三角形， $\angle F_1F_2P = 120°$ ， $PF_2 = F_1F_2 = 2c$ ，

则 P ($2c$, $\sqrt{3}c$)，则 $k_{AP} = \dfrac{\sqrt{3}c}{2c + a} = \dfrac{\sqrt{3}}{6}$ ，解得 $a = 4c$ ，故 $e = \dfrac{1}{4}$.

变式 2.1 $\sqrt{2} - 1$

解析：依题意知 $|F_1F_2| = |F_2P| = 2c$ ， $|F_1P| = 2\sqrt{2}c$ ，

由椭圆定义得： $|F_1P| + |F_2P| = 2\sqrt{2}c + 2c = 2a$ ，故 $e = \dfrac{c}{a} = \sqrt{2} - 1$.

变式 2.2 $\dfrac{\sqrt{5} - 1}{2}$

解析：已知四边形 $PQMN$ 为正方形，连接 PF_2 ，在 Rt $\triangle PF_2F_1$ 中，

$|F_1F_2| = 2c$ ， $|PF_1| = c$ ，

根据勾股定理得 $|PF_2| = \sqrt{5}c$ ，

由椭圆定义得： $|F_1P| + |F_2P| = \sqrt{5}c + c = 2a$ ，故 $e = \dfrac{c}{a} = \dfrac{\sqrt{5} - 1}{2}$.

变式 2.3　A

解析：不妨设 $|PF_1| - |PF_2| = 2a$，由 $|PF_1| = 3|PF_2|$，可知 $|PF_1| = 3a$，$|PF_2| = a$. 又 $|F_1F_2| = 2c$，$\angle F_1PF_2 = 60°$，故 $(2c)^2 = a^2 + (3a)^2 - 2a \times 3a\cos 60°$，解得 $4c^2 = 7a^2$，所以离心率 e 为 $\dfrac{\sqrt{7}}{2}$.

变式 2.4　$\sqrt{3} + 1$

解析：连接 PF_1，已知 $\triangle POF_2$ 为等边三角形，则 $OF_1 = OP = OF_2 = PF_2 = c$，则 $\triangle F_1PF_2$ 为直角三角形，则 $PF_1 = \sqrt{3}c$.

根据双曲线定义知 $PF_1 - PF_2 = \sqrt{3}c - c = 2a$，所以 $e = \dfrac{c}{a} = \sqrt{3} + 1$.

变式 3.1　$2 + \sqrt{3}$

解析：不妨设直线方程为 $y = \dfrac{b}{a}(x - c)$，则 $P\left(2a, \dfrac{(2a - c)\,b}{a}\right)$，

则 $\dfrac{(2a)^2}{a^2} - \dfrac{\left(\dfrac{(2a - c)\,b}{a}\right)^2}{b^2} = 1$，则 $c^2 - 4ac + a^2 = 0$，即 $e^2 - 4e + 1 = 0$，

故 $e = 2 + \sqrt{3}$.

变式 3.2　$\dfrac{\sqrt{3}}{3}$

解析：根据椭圆的对称性，不妨设 A 在第一象限，则 $A\left(c, \dfrac{b^2}{a}\right)$.

设 $B(x, y)$，

已知 $\dfrac{|BF_1|}{|AF_1|} = \dfrac{1}{3}$，即 $\dfrac{|y_1|}{\dfrac{b^2}{a}} = \dfrac{|x + c|}{2c} = \dfrac{1}{3}$，解得 $B\left(-\dfrac{5c}{3}, -\dfrac{b^2}{3a}\right)$，

则 $\dfrac{\left(-\dfrac{5c}{3}\right)^2}{a^2} + \dfrac{\left(-\dfrac{b^2}{3a}\right)^2}{b^2} = 1$，解得 $\dfrac{c^2}{a^2} = \dfrac{1}{3}$，故 $e = \dfrac{\sqrt{3}}{3}$.

第八节　距离问题

变式1.1 解：(1) 由已知得 $a^2 + a^2 = (2c)^2$，即 $a = \sqrt{2}c$，所以 $a = \sqrt{2}b$，则

椭圆 E 的方程为 $\dfrac{x^2}{2b^2} + \dfrac{y^2}{b^2} = 1$．由方程组 $\begin{cases} \dfrac{x^2}{2b^2} + \dfrac{y^2}{b^2} = 1, \\ y = -x + 3 \end{cases}$ 得 $3x^2 - 12x + (18 - 2b^2)$

$= 0$. ①

方程①的判别式为 $\Delta = 24\,(b^2 - 3)$，由 $\Delta = 0$，得 $b^2 = 3$，此方程①的解为

$x = 2$，所以椭圆 E 的方程为 $\dfrac{x^2}{6} + \dfrac{y^2}{3} = 1$．点 T 的坐标为 (2，1)．

(2) 由已知可设直线 l' 的方程为 $y = \dfrac{1}{2}x + m\ (m \neq 0)$，

联立 $\begin{cases} y = \dfrac{1}{2}x + m, \\ y = -x + 3, \end{cases}$ 可得 $\begin{cases} x = 2 - \dfrac{2m}{3}, \\ y = 1 + \dfrac{2m}{3}. \end{cases}$ 所以 P 点的坐标为 $\left(2 - \dfrac{2m}{3},\ 1 + \dfrac{2m}{3}\right)$，

$|PT|^2 = \dfrac{8}{9}m^2$.

设点 A，B 的坐标分别为 $A\,(x_1,\ y_1)$，$B\,(x_2,\ y_2)$，

由方程组 $\begin{cases} \dfrac{x^2}{6} + \dfrac{y^2}{3} = 1, \\ y = \dfrac{1}{2}x + m, \end{cases}$ 可得 $3x^2 + 4mx + (4m^2 - 12) = 0$. ②

方程②的判别式为 $\Delta = 16\,(9 - 2m^2)$，由 $\Delta > 0$，解得 $-\dfrac{3\sqrt{2}}{2} < m < \dfrac{3\sqrt{2}}{2}$.

由②得 $x_1 + x_2 = -\dfrac{4m}{3}$，$x_1 x_2 = \dfrac{4m^2 - 12}{3}$.

所以 $|PA| = \sqrt{\left(1 + \dfrac{1}{4}\right)}\left|2 - \dfrac{2m}{3} - x_1\right| = \dfrac{\sqrt{5}}{2}\left|2 - \dfrac{2m}{3} - x_1\right|$，

同理 $|PB| = \dfrac{\sqrt{5}}{2}\left|2 - \dfrac{2m}{3} - x_2\right|$,

$$|PA| \cdot |PB| = \dfrac{5}{4}\left|\left(2 - \dfrac{2m}{3} - x_1\right)\left(2 - \dfrac{2m}{3} - x_2\right)\right|$$

$$= \dfrac{5}{4}\left|\left(2 - \dfrac{2m}{3}\right)^2 - \left(2 - \dfrac{2m}{3}\right)(x_1 + x_2) + x_1 x_2\right|$$

$$= \dfrac{5}{4}\left|\left(2 - \dfrac{2m}{3}\right)^2 - \left(2 - \dfrac{2m}{3}\right)\left(-\dfrac{4m}{3}\right) + \dfrac{4m^2 - 12}{3}\right|$$

$$= \dfrac{10}{9}m^2.$$

故存在常数 $\lambda = \dfrac{4}{5}$, 使得 $|PT|^2 = \lambda |PA| \cdot |PB|$.

变式 1.2　解：（1）因为 $|MF_1| - |MF_2| = 2 < |F_1 F_2| = 2\sqrt{17}$,

所以轨迹 C 是以点 F_1, F_2 为左、右焦点的双曲线的右支,

设轨迹 C 的方程为 $\dfrac{x^2}{a^2} - \dfrac{y^2}{b^2} = 1$（$a > 0$, $b > 0$）,

则 $2a = 2$, 可得 $a = 1$, $b = \sqrt{17 - a^2} = 4$,

所以轨迹 C 的方程为 $x^2 - \dfrac{y^2}{16} = 1$（$x \geqslant 1$）.

（2）设点 $T\left(\dfrac{1}{2}, t\right)$, 若过点 T 的直线的斜率不存在, 此时该直线与曲线 C 无公共点,

不妨设直线 AB 的方程为 $y - t = k_1\left(x - \dfrac{1}{2}\right)$,

即 $y = k_1 x + t - \dfrac{1}{2}k_1$,

联立 $\begin{cases} y = k_1 x + t - \dfrac{1}{2}k_1, \\ 16x^2 - y^2 = 16, \end{cases}$ 消去 y 得 $(k_1^2 - 16)x^2 + k_1(2t - k_1)x + \left(t - \dfrac{1}{2}k_1\right)^2 + 16 = 0$.

设点 $A(x_1, y_1)$, $B(x_2, y_2)$,

则 $x_1 > \dfrac{1}{2}$ 且 $x_2 > \dfrac{1}{2}$.

由韦达定理可得 $x_1 + x_2 = \dfrac{k_1^2 - 2k_1 t}{k_1^2 - 16}$，$x_1 x_2 = \dfrac{\left(t - \dfrac{1}{2}k_1\right)^2 + 16}{k_1^2 - 16}$，

则 $|TA| \cdot |TB| = (1 + k_1^2) \cdot \left| x_1 - \dfrac{1}{2} \right| \cdot \left| x_2 - \dfrac{1}{2} \right|$

$$= (1 + k_1^2) \cdot \left(x_1 x_2 - \dfrac{x_1 + x_2}{2} + \dfrac{1}{4} \right) = \dfrac{(t^2 + 12)\ (1 + k_1^2)}{k_1^2 - 16}.$$

设直线 PQ 的斜率为 k_2，

同理可得 $|TP| \cdot |TQ| = \dfrac{(t^2 + 12)\ (1 + k_2^2)}{k_2^2 - 16}$.

因为 $|TA| \cdot |TB| = |TP| \cdot |TQ|$，

即 $\dfrac{(t^2 + 12)\ (1 + k_1^2)}{k_1^2 - 16} = \dfrac{(t^2 + 12)\ (1 + k_2^2)}{k_2^2 - 16}$，整理可得 $k_1^2 = k_2^2$，

即 $(k_1 - k_2)\ (k_1 + k_2) = 0$，显然 $k_1 - k_2 \neq 0$，故 $k_1 + k_2 = 0$.

因此，直线 AB 与直线 PQ 的斜率之和为 0.

第九节　面积问题

变式 1.1　解：当直线 l 的斜率存在时，设 $A\ (x_1,\ y_1)$，$B\ (x_2,\ y_2)$，直线 l 的方程为 $y = kx + m$，

联立 $\begin{cases} y = kx + m, \\ \dfrac{x^2}{3} + y^2 = 1, \end{cases}$ 消去 y 得 $(3k^2 + 1)\ x^2 + 6kmx + 3m^2 - 3 = 0$，

则 $\Delta > 0$，即 $3k^2 + 1 - m^2 > 0$，则 $x_1 + x_2 = -\dfrac{6km}{3k^2 + 1}$，$x_1 x_2 = \dfrac{3m_2 - 3}{3k^2 + 1}$，

且 $\dfrac{|m|}{\sqrt{1 + k^2}} = \dfrac{\sqrt{3}}{2}$，即 $m^2 = \dfrac{3}{4}\ (1 + k^2)$.

$$|AB| = \sqrt{1+k^2}\sqrt{(x_1+x_2)^2 - 4x_1 x_2}$$

$$= \sqrt{3}\sqrt{1 + \frac{4k^2}{9k^4 + 6k^2 + 1}} = \sqrt{3}\sqrt{1 + \frac{4}{9k^2 + \frac{1}{k^2} + 6}} \leqslant 2,$$

" = " 成立的条件为 $k = \pm\frac{\sqrt{3}}{3}$，此时 $(S_{\triangle AOB})_{\max} = \frac{1}{2} \times 2 \times \frac{\sqrt{3}}{2} = \sqrt{3}.$

变式 1.2 解：（1）设椭圆的方程为 $\frac{x^2}{a^2} + \frac{y^2}{b^2} = 1$，

则 $b = 1$，又 $\frac{c + 2\sqrt{2}}{\sqrt{2}} = 3$，解得 $c = \sqrt{2}$，

故椭圆方程为 $\frac{x^2}{3} + y^2 = 1.$

（2）设 $A(x_1, y_1)$，$B(x_2, y_2)$，易知直线 AB 的斜率存在，设直线 AB 的方程为 $y = kx + m$，

联立 $\begin{cases} y = kx + m, \\ \dfrac{x^2}{3} + y^2 = 1 \end{cases}$ 消去 y 得 $(3k^2 + 1)x^2 + 6kmx + 3m^2 - 3 = 0$，

则 $x_1 + x_2 = -\dfrac{6km}{3k^2 + 1}$，$x_1 x_2 = \dfrac{3m_2 - 3}{3k^2 + 1}$，

$$|AB| = \sqrt{1+k^2}\sqrt{(x_1+x_2)^2 - 4x_1 x_2} = \frac{2\sqrt{3}\sqrt{1+k^2}\sqrt{1 + 3k^2 - m^2}}{1 + 3k^2} = 3,$$

故 $m^2 = 3k^2 + 1 - \dfrac{3(3k^2+1)^2}{4(k^2+1)}.$

由于 $m^2 = 3k^2 + 1 - \dfrac{3(3k^2+1)^2}{4(k^2+1)} > 0$，则 $0 \leqslant k^2 < \dfrac{1}{5}$，

且 $d = \dfrac{|m|}{\sqrt{1+k^2}}$，

故 $S^2_{\triangle AOB} = \dfrac{9}{4}\dfrac{m^2}{1+k^2}$

$$= \frac{9}{4}\frac{3k^2 + 1 - \dfrac{3(3k^2+1)^2}{4(k^2+1)}}{1 + k^2}$$

$$= \frac{9}{16} \frac{(3k^2+1)(1-5k^2)}{(k^2+1)^2}.$$

令 $k^2+1=t$，则 $t \in \left[1, \frac{6}{5}\right)$，

则 $S_{\triangle AOB}^2 = \frac{9}{16} \frac{-15t^2+28t-12}{t^2} = \frac{9}{16}\left(-12\frac{1}{t^2}+28\frac{1}{t}-15\right)$，

$S_{\triangle AOB}^2 \in \left(0, \frac{9}{16}\right]$，故 $S_{\triangle AOB} \in \left(0, \frac{3}{4}\right]$.

变式 2.1 B

解析：设 $A(x_1, y_1)$，$B(x_2, y_2)$，不妨设 A 在 x 轴上方，B 在 x 轴下方，

则 $\overrightarrow{OA} \cdot \overrightarrow{OB} = x_1 x_2 + y_1 y_2 = (y_1 y_2)^2 + y_1 y_2 = 2$，解得 $y_1 y_2 = -2$ 或 $y_1 y_2 = 1$

（舍去），

$S_{\triangle AOB} + S_{\triangle AOF} = \frac{1}{2}|x_1 y_2 - x_2 y_1| + \frac{1}{2}|OF|y_1 = \frac{1}{2}|y_1 y_2||y_1 - y_2| + \frac{y_1}{8} = \frac{9y_1}{8} -$

$y_2 \geqslant 2\sqrt{\frac{9y_1}{8} \cdot (-y_2)} = 3$，故选 B.

变式 2.2 解：（1）由题意知，双曲线 C 的顶点 $(0, a)$ 到渐近线 $ax-by$

$=0$ 的距离为 $\frac{2\sqrt{5}}{5}$，

$\therefore \frac{ab}{\sqrt{a^2+b^2}} = \frac{2\sqrt{5}}{5}$，即 $\frac{ab}{c} = \frac{2\sqrt{5}}{5}$.

由 $\begin{cases} \dfrac{ab}{c} = \dfrac{2\sqrt{5}}{5}, \\ \dfrac{c}{a} = \dfrac{\sqrt{5}}{2}, \\ c^2 = a^2+b^2, \end{cases}$ 得 $\begin{cases} a=2, \\ b=1, \\ c=\sqrt{5}, \end{cases}$ $\therefore$ 双曲线 C 的方程为 $\dfrac{y^2}{4} - x^2 = 1$.

（2）设 $A(x_1, y_1)$，$B(x_2, y_2)$，$P(x_0, y_0)$，已知 $\overrightarrow{AP} = \lambda \overrightarrow{PB}$，

$\lambda \in \left[\dfrac{1}{3}, 2\right]$，

则 $\begin{cases} x_0 = \dfrac{x_1 + \lambda x_2}{1 + \lambda}, \\ y_0 = \dfrac{y_1 + \lambda y_2}{1 + \lambda}, \end{cases}$ 又 $\dfrac{y_0^2}{4} - x_0^2 = 1$, 即 $\dfrac{\left(\dfrac{y_1 + \lambda y_2}{1 + \lambda}\right)^2}{4} - \left(\dfrac{x_1 + \lambda x_2}{1 + \lambda}\right)^2 = 1$,

变形得 $\dfrac{y_1^2 + 2\lambda y_1 y_2 + \lambda^2 y_2^2}{4} - (x_1^2 + 2\lambda x_1 x_2 + \lambda^2 x_2^2) = (1 + \lambda)^2$.

又 A, B 两点在双曲线 C 的两条渐近线上,

则 $\begin{cases} y_1 = 2x_1, \\ y_2 = -2x_2, \end{cases}$ 代入上式化简得 $x_1 x_2 = -\dfrac{(1 + \lambda)^2}{4\lambda}$,

则 $S_{\triangle AOB} = \dfrac{1}{2} |x_1 y_2 - x_2 y_1| = 2|x_1 x_2| = \dfrac{(1 + \lambda)^2}{2\lambda} = \dfrac{1}{2}\left(\lambda + \dfrac{1}{\lambda} + 2\right)$.

记 $S(\lambda) = \dfrac{1}{2}\left(\lambda + \dfrac{1}{\lambda}\right) + 1$, $\lambda \in \left[\dfrac{1}{3}, 2\right]$, 则 $S'(\lambda) = \dfrac{1}{2}\left(1 - \dfrac{1}{\lambda^2}\right)$.

由 $S'(\lambda) = 0$ 得 $\lambda = 1$, 又 $S(1) = 2$, $S\left(\dfrac{1}{3}\right) = \dfrac{8}{3}$, $S(2) = \dfrac{9}{4}$,

∴ 当 $\lambda = 1$ 时, $\triangle AOB$ 的面积取得最小值 2; 当 $\lambda = \dfrac{1}{3}$ 时, $\triangle AOB$ 的面积取得最大值 $\dfrac{8}{3}$.

∴ $\triangle AOB$ 面积的取值范围是 $\left[2, \dfrac{8}{3}\right]$.

变式 3.1 解: (1) 设 $A(x_1, y_1)$, $B(x_2, y_2)$, $P(x_0, y_0)$,

则 $\dfrac{x_1^2}{a^2} + \dfrac{y_1^2}{b^2} = 1$, $\dfrac{x_2^2}{a^2} + \dfrac{y_2^2}{b^2} = 1$, $\dfrac{y_2 - y_1}{x_2 - x_1} = -1$,

由此可得 $\dfrac{b^2 (x_2 + x_1)}{a^2 (y_2 + y_1)} = -\dfrac{y_2 - y_1}{x_2 - x_1} = 1$. 因为 $x_1 + x_2 = 2x_0$ $y_1 + y_2 = 2y_0$,

$\dfrac{y_0}{x_0} = \dfrac{1}{2}$, 所以 $a^2 = 2b^2$.

又由题意知, M 的右焦点为 $(\sqrt{3}, 0)$, 故 $a^2 - b^2 = 3$,

因此 $a^2 = 6$, $b^2 = 3$,

所以 M 的方程为 $\dfrac{x^2}{6} + \dfrac{y^2}{3} = 1$.

（2）由 $\begin{cases} x+y-\sqrt{3}=0, \\ \dfrac{x^2}{6}+\dfrac{y^2}{3}=1, \end{cases}$ 解得 $\begin{cases} x=\dfrac{4\sqrt{3}}{3}, \\ y=-\dfrac{\sqrt{3}}{3} \end{cases}$ 或 $\begin{cases} x=0, \\ y=\sqrt{3}. \end{cases}$ 因此 $|AB|=\dfrac{4\sqrt{6}}{3}$.

由题意可设直线 CD 的方程为 $y=x+n\left(-\dfrac{5\sqrt{3}}{3}<n<\sqrt{3}\right)$,

设 $C(x_3,y_3)$, $D(x_4,y_4)$,

由 $\begin{cases} y=x+n, \\ \dfrac{x^2}{6}+\dfrac{y^2}{3}=1 \end{cases}$ 得 $3x^2+4nx+2n^2-6=0$, 则 $x_3+x_4=-\dfrac{4n}{3}$, $x_3x_4=\dfrac{2n^2-6}{3}$.

因为直线 CD 的斜率为 1, 所以 $|CD|=\sqrt{2}|x_4-x_3|=\dfrac{4}{3}\sqrt{9-n^2}$.

由已知四边形 $ACBD$ 的面积 $S=\dfrac{1}{2}|CD|\cdot|AB|=\dfrac{8\sqrt{6}}{9}\sqrt{9-n^2}$,

当 $n=0$ 时, S 取得最大值且最大值为 $\dfrac{8\sqrt{6}}{3}$, 所以四边形 $ACBD$ 面积的最大值为 $\dfrac{8\sqrt{6}}{3}$.

变式 3.2 解：（1）依题设得椭圆的方程为 $\dfrac{x^2}{4}+y^2=1$,

直线 AB, EF 的方程分别为 $x+2y=2$, $y=kx$ ($k>0$).

如图, 设 $D(x_0,kx_0)$, $E(x_1,kx_1)$, $F(x_2,kx_2)$, 其中 $x_1<x_2$,

且 x_1, x_2 满足方程 $(1+4k^2)x^2=4$, 故 $x_2=-x_1=\dfrac{2}{\sqrt{1+4k^2}}$. ①

由 $\overrightarrow{ED}=6\overrightarrow{DF}$ 知 $x_0-x_1=6(x_2-x_0)$,

得 $x_0=\dfrac{1}{7}(6x_2+x_1)=\dfrac{5}{7}x_2=\dfrac{10}{7\sqrt{1+4k^2}}$;

由 D 在 AB 上知 $x_0+2kx_0=2$,

得 $x_0=\dfrac{2}{1+2k}$.

所以 $\dfrac{2}{1+2k} = \dfrac{10}{7\sqrt{1+4k^2}}$，

化简得 $24k^2 - 25k + 6 = 0$，解得 $k = \dfrac{2}{3}$ 或 $k = \dfrac{3}{8}$.

（2）由题设知 $\overrightarrow{AB} = (-2，1)$，$\overrightarrow{EF}(2x_2，2y_2)$，

设四边形 $AEBF$ 的面积为 S，

则 $S = \dfrac{1}{2}|2x_2 + 4y_2| = x_2 + 2y_2 = \sqrt{(x_2 + 2y_2)^2} \leqslant \sqrt{2(x_2^2 + 4y_2^2)} = 2\sqrt{2}.$

等号成立的条件为 $x_2 = 2y_2$，即 $\begin{cases} x_2 = \sqrt{2}, \\ y_2 = \dfrac{\sqrt{2}}{2}, \end{cases}$

故四边形 $AEBF$ 面积的最大值为 $2\sqrt{2}$.

第二章　参考答案

第一节　解析几何问题的基本解题思想

变式1.1 （1）解：由题设知 $\dfrac{c}{a}=\dfrac{\sqrt{2}}{2}$，$b=1$，结合 $a^2=b^2+c^2$，解得 $a=\sqrt{2}$.

$\therefore$ 椭圆 E 的方程式为 $\dfrac{x^2}{2}+y^2=1$.

（2）证明：由题设知，直线 PQ 的方程式为 $y=k（x-1）+1（k\neq2）$，代入 $\dfrac{x^2}{2}+y^2=1$，

得 $（1+2k^2）x^2-4k（k-1）x+2k（k-2）=0$.

由已知 $\Delta>0$，

设 $P（x_1，y_1）$，$Q（x_2，y_2）$，$x_1x_2\neq0$，则 $x_1+x_2=\dfrac{4k（k-1）}{1+2k^2}$，$x_1x_2=\dfrac{2k（k-2）}{1+2k^2}$.

从而直线 AP，AQ 的斜率之和为 $k_{AP}+k_{AQ}=\dfrac{y_1+1}{x_1}+\dfrac{y_2+1}{x_2}=\dfrac{kx_1+2-k}{x_1}+$

$\dfrac{kx_2+2-k}{x_2}=2k+（2-k）\left(\dfrac{1}{x_1}+\dfrac{1}{x_2}\right)=2k+（2-k）\dfrac{x_1+x_2}{x_1x_2}=2k+（2-k）$

$\dfrac{4k（k-1）}{2k（k-2）}=2k-2（k-1）=2$.

变式1.2 解：（1）设 $F（-c，0）$，由 $\dfrac{c}{a}=\dfrac{\sqrt{3}}{3}$，知 $a=\sqrt{3}c$. 过点 F 且与 x

154

轴垂直的直线为 $x=-c$，代入椭圆方程有 $\dfrac{(-c)^2}{a^2}+\dfrac{y^2}{b^2}=1$，

解得 $y=\pm\dfrac{\sqrt{6}b}{3}$，于是 $\dfrac{2\sqrt{6}b}{3}=\dfrac{4\sqrt{3}}{3}$，解得 $b=\sqrt{2}$.

又 $A^2-C^2=B^2$，从而 $A=\sqrt{3}$，$C=1$，

所以椭圆的方程式为 $\dfrac{x^2}{3}+\dfrac{y^2}{2}=1$.

（2）设点 $C(x_1,y_1)$，$D(x_2,y_2)$，由 $F(-1,0)$ 得直线 CD 的方程为 $y=k(x+1)$，

由方程组 $\begin{cases} y=k(x+1),\\ \dfrac{x^2}{3}+\dfrac{y^2}{2}=1 \end{cases}$　消去 y，整理得 $(2+3k^2)x^2+6k^2x+3k^2-6=0$.

求解可得 $x_1+x_2=-\dfrac{6k^2}{2+3k^2}$，$x_1x_2=\dfrac{3k^2-6}{2+3k^2}$.

因为 $A(-\sqrt{3},0)$，$B(\sqrt{3},0)$，

所以 $\overrightarrow{AC}\cdot\overrightarrow{DB}+\overrightarrow{AD}\cdot\overrightarrow{CB}=(x_1+\sqrt{3},y_1)\cdot(\sqrt{3}-x_2,-y_2)+(x_2+\sqrt{3},y_2)\cdot(\sqrt{3}-x_1,-y_1)=6-2x_1x_2-2y_1y_2=6-2x_1x_2-2k^2(x_1+1)(x_2+1)$

$=6-(2+2k^2)x_1x_2-2k^2(x_1+x_2)-2k^2=6+\dfrac{2k^2+12}{2+3k^2}$.

由已知得 $6+\dfrac{2k^2+12}{2+3k^2}=8$，解得 $k=\pm\sqrt{2}$.

变式 1.3　证明：（1）设 $A(x_1,y_1)$，$B(x_2,y_2)$，则 $\dfrac{x_1^2}{4}+\dfrac{y_1^2}{3}=1$，$\dfrac{x_2^2}{4}+\dfrac{y_2^2}{3}=1$.

两式相减，并由 $\dfrac{y_1-y_2}{x_1-x_2}=k$ 得 $\dfrac{x_1+x_2}{4}+\dfrac{y_1+y_2}{3}\cdot k=0$.

由题设知 $\dfrac{x_1+x_2}{2}=1$，$\dfrac{y_1+y_2}{2}=m$，于是 $k=-\dfrac{3}{4m}$. ①

由题设得 $0<m<\dfrac{3}{2}$，故 $k<-\dfrac{1}{2}$.

(2) 由题意得 F $(1,0)$，设 P (x_3,y_3)，则 $(x_3-1,y_3)+(x_1-1,y_1)+(x_2-1,y_2)=(0,0)$．

由 (1) 及题设得 $x_3=3-(x_1+x_2)=1$，$y_3=-(y_1+y_2)=-2m<0$．

又点 P 在 C 上，$\therefore m=\dfrac{3}{4}$，从而 $P\left(1,-\dfrac{3}{2}\right)$，$|\overrightarrow{FP}|=\dfrac{3}{2}$．

于是 $|\overrightarrow{FA}|=\sqrt{(x_1-1)^2+y_1^2}=\sqrt{(x_1-1)^2+3\left(1-\dfrac{x_1^2}{4}\right)}=2-\dfrac{x_1}{2}$．

同理 $|\overrightarrow{FB}|=2-\dfrac{x_2}{2}$，$\therefore |\overrightarrow{FA}|+|\overrightarrow{FB}|=4-\dfrac{1}{2}(x_1+x_2)=3$．

$\therefore 2|\overrightarrow{FP}|=|\overrightarrow{FA}|+|\overrightarrow{FB}|$，即 $|\overrightarrow{FA}|$，$|\overrightarrow{FP}|$，$|\overrightarrow{FB}|$ 成等差数列．

设该数列的公差为 d，则 $2|d|=\big\||\overrightarrow{FB}|-|\overrightarrow{FA}|\big\|=\dfrac{1}{2}|x_1-x_2|=\dfrac{1}{2}\sqrt{(x_1+x_2)^2-4x_1x_2}.$ ②

将 $m=\dfrac{3}{4}$ 代入①得 $k=-1$，

$\therefore l$ 的方程为 $y=-x+\dfrac{7}{4}$，代入 C 的方程，并整理得 $7x^2-14x+\dfrac{1}{4}=0$．

故 $x_1+x_2=2$，$x_1x_2=\dfrac{1}{28}$，代入②解得 $|d|=\dfrac{3\sqrt{21}}{28}$．所以该数列的公差为 $\dfrac{3\sqrt{21}}{28}$ 或 $-\dfrac{3\sqrt{21}}{28}$．

第二节　常见条件的转换方法

变式2.1 (1) 解：由抛物线 C：$x^2=-2py$ 经过点 $(2,-1)$，得 $p=2$．

$\therefore$ 抛物线 C 的方程为 $x^2=-4y$，其准线方程为 $y=1$．

(2) 抛物线 C 的焦点为 F $(0,-1)$，设直线 l 的方程为 $y=kx-1$ $(k\neq0)$，

由 $\begin{cases} y=kx-1, \\ x^2=-4y \end{cases}$ 得 $x^2+4kx-4=0$．设 M (x_1,y_1)，N (x_2,y_2)，

则 $x_1 x_2 = -4$. 直线 OM 的方程为 $y = \dfrac{y_1}{x_1} x$.

令 $y = -1$，得点 A 的横坐标 $x_A = -\dfrac{x_1}{y_1}$，同理得点 B 的横坐标 $x_B = -\dfrac{x_2}{y_2}$.

设点 $D(0, n)$，则 $\overrightarrow{DA} = \left(-\dfrac{x_1}{y_1}, \ -1-n \right)$，$\overrightarrow{DB} = \left(-\dfrac{x_2}{y_2}, \ -1-n \right)$，

$\overrightarrow{DA} \cdot \overrightarrow{DB} = \dfrac{x_1 x_2}{y_1 y_2} + (n+1)^2 = \dfrac{x_1 x_2}{\left(-\dfrac{x_1^2}{4} \right)\left(-\dfrac{x_2^2}{4} \right)} + (n+1)^2 = \dfrac{16}{x_1 x_2} + (n+1)^2 = $

$-4 + (n+1)^2$.

令 $\overrightarrow{DA} \cdot \overrightarrow{DB} = 0$，即 $-4 + (n+1)^2 = 0$，则 $n = 1$ 或 $n = -3$.

综上，以 AB 为直径的圆经过 y 轴上的两个定点为 $(0, 1)$ 和 $(0, -3)$.

变式 2.2 解析：（1）由题设可得 $M(2\sqrt{a}, a)$，$N(-2\sqrt{2}, a)$，或 $M(-2\sqrt{2}, a)$，$N(2\sqrt{a}, a)$ $\therefore y' = \dfrac{1}{2} x$，$y = \dfrac{x^2}{4}$，故 $x = 2\sqrt{2}a$ 处的导数值为 $\sqrt{a}$，

C 在 $(2\sqrt{2}a, a)$ 处的切线方程为 $y - a = \sqrt{a}(x - 2\sqrt{a})$，即 $\sqrt{a}x - y - a = 0$.

故 $y = \dfrac{x^2}{4}$ 在 $x = -2\sqrt{2}a$ 处的导数值为 $-\sqrt{a}$，C 在 $(-2\sqrt{2}a, a)$ 处的切线方程为 $y - a = -\sqrt{a}(x + 2\sqrt{a})$，即 $\sqrt{a}x + y + a = 0$.

故所求切线方程为 $\sqrt{a}x - y - a = 0$ 或 $\sqrt{a}x + y + a = 0$.

（2）存在符合题意的点. 证明如下：

设 $P(0, b)$ 为符合题意的点，$M(x_1, y_1)$，$N(x_2, y_2)$，直线 PM，PN 的斜率分别为 k_1，k_2.

将 $y = kx + a$ 代入 C 的方程整理得 $x^2 - 4kx - 4a = 0$. $\therefore x_1 + x_2 = 4k$，$x_1 x_2 = -4a$.

$\therefore k_1 + k_2 = \dfrac{y_1 - b}{x_1} + \dfrac{y_2 - b}{x_2} = \dfrac{2kx_1 x_2 + (a-b)(x_1 + x_2)}{x_1 x_2} = \dfrac{k(a+b)}{a}$.

当 $b = -a$ 时，有 $k_1 + k_2 = 0$，则直线 PM 的倾斜角与直线 PN 的倾斜角

互补,

故 $\angle OPM = \angle OPN$,所以 $P(0, -a)$ 符合题意.

变式 2.3 解:(1) 由题意得抛物线上点 A 到焦点 F 的距离等于点 A 到直线 $x = -1$ 的距离. 由抛物线的定义 $\dfrac{p}{2} = 1$,得 $p = 2$.

(2) 由 (1) 得抛物线的方程为 $y^2 = 4x$,$F(1, 0)$,可设 $A(t^2, 2t)$,$t \neq 0$,$t \neq q \pm 1$.

因为 AF 不垂直于 y 轴,可设直线 AF:$x = sy + 1$ $(s \neq 0)$,

由 $\begin{cases} y^2 = 4x, \\ x = sy + 1 \end{cases}$ 消去 x 得 $y^2 - 4sy - 4 = 0$,故 $y_1 y_2 = -4$,所以 $B\left(\dfrac{1}{t^2}, -\dfrac{2}{t}\right)$.

又直线 AB 的斜率为 $\dfrac{2t}{t^2 - 1}$,故直线 FN 的斜率为 $-\dfrac{t^2 - 1}{2t}$,从而得直线 FN:$y = -\dfrac{t^2 - 1}{2t}(x - 1)$,直线 BN:$y = -\dfrac{2}{t}$,所以 $N\left(\dfrac{t^2 + 3}{t^2 - 1}, -\dfrac{2}{t}\right)$.

设 $M(m, 0)$,由 A,M,N 三点共线得 $\dfrac{2t}{t^2 - m} = \dfrac{2t + \dfrac{2}{t}}{t^2 - \dfrac{t^2 + 3}{t^2 - 1}}$,于是 $m = \dfrac{2t^2}{t^2 - 1}$,

经检验,$m < 0$ 或 $m > 2$ 满足题意.

综上,点 M 的横坐标的取值范围是 $(-\infty, 0) \cup (2, +\infty)$.

变式 3.1 解:(1) 设 $F(c, 0)$,由 $\dfrac{1}{|OF|} + \dfrac{1}{|OA|} = \dfrac{3c}{|FA|}$,即 $\dfrac{1}{c} + \dfrac{1}{a} = \dfrac{3c}{a(a - c)}$,可得 $a^2 - c^2 = 3c^2$. 又 $a^2 - c^2 = b^2 = 3$,所以 $c^2 = 1$,因此 $a^2 = 4$,所以椭圆的方程为 $\dfrac{x^2}{4} + \dfrac{y^2}{3} = 1$.

(2) 设直线的斜率为 k $(k \neq 0)$,则直线 l 的方程为 $y = k(x - 2)$,

设 $B(x_B, y_B)$,由方程组 $\begin{cases} \dfrac{x^2}{4} + \dfrac{y^2}{3} = 1, \\ y = k(x - 2), \end{cases}$ 消去 y 整理得 $(4k^2 + 3)x^2 -$

$16k^2 x + 16k^2 - 12 = 0$,解得 $x = 2$ 或 $x = \dfrac{8k^2 - 6}{4k^2 + 3}$,由题意得 $x_B = \dfrac{8k^2 - 6}{4k^2 + 3}$,从而 $y_B =$

$\dfrac{-12k}{4k^2+3}$,

由（1）知 F（1，0），设 H（0，y_H），

有 $\overrightarrow{FH}=$（-1，y_H），$\overrightarrow{BF}=\left(\dfrac{9-4k^2}{4k^2+3},\dfrac{12k}{4k^2+3}\right)$,

由 $BF\perp HF$，得 $\overrightarrow{BF}\cdot\overrightarrow{HF}=0$，所以 $\dfrac{4k^2-9}{4k^2+3}+\dfrac{12ky_H}{4k^2+3}=0$,

解得 $y_H=\dfrac{9-4k^2}{12k}$，因此直线 MH 的方程为 $y=-\dfrac{1}{k}x+\dfrac{9-4k^2}{12k}$.

设 M（x_M，y_M），由方程组 $\begin{cases}y=-\dfrac{1}{k}x+\dfrac{9-4k^2}{12k},\\ y=k（x-2）,\end{cases}$

消去 y，得 $x_M=\dfrac{20k^2+9}{12（k^2+1）}$.

在 $\triangle MAO$ 中，$\angle MOA=\angle MAO\Leftrightarrow|MA|=|MO|$,

即 $（x_M-2）^2+y_M^2=x_M^2+y_M^2$，化简得 $x_M=1$，即 $\dfrac{20k^2+9}{12（k^2+1）}=1$,

解得 $k=-\dfrac{\sqrt{6}}{4}$或 $k=\dfrac{\sqrt{6}}{4}$，所以直线 l 的斜率为 $k=-\dfrac{\sqrt{6}}{4}$或 $k=\dfrac{\sqrt{6}}{4}$.

变式 3.2 C

解析：过点 Q 作 $QQ'\perp l$ 交 l 于点 Q'，因为 $\overrightarrow{PF}=4\overrightarrow{FQ}$，所以 $|PQ|:|PF|=$ 3：4. 又焦点 F 到准线 l 的距离为 4，所以 $|QF|=|QQ'|=3$. 故选 C.

变式 3.3 13

解析：如图 $2-2-1$，椭圆离心率为 $\dfrac{1}{2}$，可得 $a=2c$，则 $b=\sqrt{a^2-c^2}=\sqrt{3}c$,

则 $C:\dfrac{x^2}{4c^2}+\dfrac{y^2}{3c^2}=1$，$A$（0，$\sqrt{3}c$），$F_1$（-c，0），$F_2$（c，0）.

易得 $l_{AF_2}:y=-\sqrt{3}x+\sqrt{3}c$，$l_{ED}:y=\dfrac{\sqrt{3}}{3}（x+c）$.

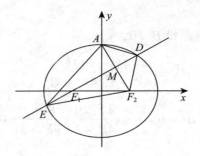

图 2－2－1

可解得 AF_2 与 DE 的交点 $M\left(\dfrac{c}{2},\ \dfrac{\sqrt{3}c}{2}\right)$，

故直线 DE 垂直平分 AF_2，即 $EA = EF_2$，$DA = DF_2$.

又 $\begin{cases} \dfrac{x^2}{4c^2}+\dfrac{y^2}{3c^2}=1 \\ y=\dfrac{\sqrt{3}}{3}\ (x+c) \end{cases}$ $\Rightarrow 13x^2+8cx-32c^2=0 \Rightarrow \begin{cases} x_D+x_E=-\dfrac{8c}{13} \\ x_D x_E=-\dfrac{32c^2}{13} \end{cases}.$

$\therefore |DE| = \sqrt{1+\dfrac{1}{3}}\,|x_D - x_E| = 6 \Rightarrow (x_D+x_E)^2 - 4x_D x_E = 27 \Rightarrow c = \dfrac{13}{8},$

所以 $\triangle ADE$ 的周长为 $AD + AE + DE = DF_2 + EF_2 + DF_1 + EF_1 = 4a = 8c = 13.$

第三节　线驱动下的解题方法

变式 2.1　（1）证明：$\because |AD| = |AC|$，$EB // AC$，故 $\angle EBD = \angle ACD = \angle ADC$，

$\therefore |EB| = |ED|$，故 $|EA| + |EB| = |EA| + |ED| = |AD|.$

又圆 A 的标准方程为 $(x+1)^2 + y^2 = 16$，从而 $|AD| = 4$，$\therefore |EA| +$

$|EB| = 4.$

由题设得 $A\ (-1,\ 0)$，$B\ (1,\ 0)$，$|AB| = 2$，

由椭圆定义可得点 E 的轨迹方程为 $\dfrac{x^2}{4}+\dfrac{y^2}{3}=1\ (y \neq 0).$

（2）解：当 l 与 x 轴不垂直时，设 l 的方程为 $y = k（x-1）（k \neq 0）$，M（x_1，y_1），N（x_2，y_2）.

由 $\begin{cases} y = k（x-1）, \\ \dfrac{x^2}{4} + \dfrac{y^2}{3} = 1, \end{cases}$ 得 $（4k^2+3）x^2 - 8k^2 x + 4k^2 - 12 = 0$，

则 $x_1 + x_2 = \dfrac{8k^2}{4k^2+3}$，$x_1 x_2 = \dfrac{4k^2-12}{4k^2+3}$.

$\therefore |MN| = \sqrt{1+k^2}|x_1 - x_2| = \dfrac{12（k^2+1）}{4k^2+3}$.

过点 B（1，0）且与 l 垂直的直线 $m : y = -\dfrac{1}{k}（x-1）$，$A$ 到 m 的距离为

$\dfrac{2}{\sqrt{k^2+1}}$，$\therefore |PQ| = 2\sqrt{4^2 - \left（\dfrac{2}{\sqrt{k^2+1}}\right）^2} = 4\sqrt{\dfrac{4k^2+3}{k^2+1}}$.

故四边形 $MPNQ$ 的面积

$$S = \dfrac{1}{2}|MN\|PQ| = 12\sqrt{1 + \dfrac{1}{4k^2+3}}.$$

可得当 l 与 x 轴不垂直时，四边形 $MPNQ$ 面积的取值范围为 $[12，8\sqrt{3}）$.

当 l 与 x 轴垂直时，其方程为 $x = 1$，$|MN| = 3$，$|PQ| = 8$，四边形 $MPNQ$ 的面积为 12.

综上所述，四边形 $MPNQ$ 面积的取值范围为 $[12，8\sqrt{3}）$.

变式 2.2　解析：（1）由题设可得 M（$2\sqrt{a}$，a），N（$-2\sqrt{2}$，a），或 M（$-2\sqrt{2}$，a），N（$2\sqrt{a}$，a）. $y' = \dfrac{1}{2}xy = \dfrac{x^2}{4}$，故在 $x = 2\sqrt{2}a$ 处的导数值为 $\sqrt{a}$，

C 在 $（2\sqrt{2}a，a）$ 处的切线方程为 $y - a = \sqrt{a}（x - 2\sqrt{a}）$，即 $\sqrt{a}x - y - a = 0$.

故 $y = \dfrac{x^2}{4}$ 在 $x = -2\sqrt{2}a$ 处的导数值为 $-\sqrt{a}$，C 在 $（-2\sqrt{2}a，a）$ 处的切线方程为 $y - a = -\sqrt{a}（x + 2\sqrt{a}）$，即 $\sqrt{a}x + y + a = 0$.

故所求切线方程为 $\sqrt{a}x - y - a = 0$ 或 $\sqrt{a}x + y + a = 0$.

（2）存在符合题意的点，证明如下：

设 $P(0, b)$ 为符合题意的点，$M(x_1, y_1)$，$N(x_2, y_2)$，

直线 PM，PN 的斜率分别为 k_1，k_2.

将 $y = kx + a$ 代入 C 的方程整理得 $x^2 - 4kx - 4a = 0$，

$\therefore x_1 + x_2 = 4k$，$x_1 x_2 = -4a$.

$\therefore k_1 + k_2 = \dfrac{y_1 - b}{x_1} + \dfrac{y_2 - b}{x_2} = \dfrac{2kx_1 x_2 + (a - b)(x_1 + x_2)}{x_1 x_2} = \dfrac{k(a + b)}{a}$.

当 $b = -a$ 时，有 $k_1 + k_2 = 0$，则直线 PM 的倾斜角与直线 PN 的倾斜角互补，

故 $\angle OPM = \angle OPN$，所以 $P(0, -a)$ 符合题意.

第四节　点驱动下的解题方法

变式 2.1　（1）解：设椭圆的半焦距为 c，由题意知 $2a = 4$，$2c = 2\sqrt{2}$，

$\therefore a = 2$，$b = \sqrt{a^2 - c^2} = \sqrt{2}$，$\therefore$ 椭圆 C 的方程为 $\dfrac{x^2}{4} + \dfrac{y^2}{2} = 1$.

（2）①证明：设 $P(x_0, y_0)$（$x_0 > 0$，$y_0 > 0$），由 $M(0, m)$，可得 $P(x_0, 2m)$，$Q(x_0, -2m)$.

$\therefore$ 直线 PM 的斜率 $k = \dfrac{2m - m}{x_0} = \dfrac{m}{x_0}$，直线 QM 的斜率 $k' = \dfrac{-2m - m}{x_0} = -\dfrac{3m}{x_0}$.

此时 $\dfrac{k'}{k} = -3$，$\therefore \dfrac{k'}{k}$ 为定值 -3.

②解：设 $A(x_1, y_1)$，$B(x_2, y_2)$，直线 PA 的方程为 $y = kx + m$，

直线 QB 的方程为 $y = -3kx + m$.

联立 $\begin{cases} y = kx + m, \\ \dfrac{x^2}{4} + \dfrac{y^2}{2} = 1, \end{cases}$　整理得 $(2k^2 + 1)x^2 + 4mkx + 2m^2 - 4 = 0$.

由 $x_0 x_1 = \dfrac{2m^2 - 4}{2k^2 + 1}$ 可得 $x_1 = \dfrac{2(m^2 - 2)}{(2k^2 + 1)x_0}$，$\therefore y_1 = kx_1 + m = \dfrac{2k(m^2 - 2)}{(2k^2 + 1)x_0} + m$，

同理 $x_2 = \dfrac{2\,(m^2-2)}{(18k^2+1)\,x_0}$，$y_2 = \dfrac{-6k\,(m^2-2)}{(18k^2+1)\,x_0} + m$.

$\therefore x_2 - x_1 = \dfrac{2\,(m^2-2)}{(18k^2+1)\,x_0} - \dfrac{2\,(m^2-2)}{(2k^2+1)\,x_0} = \dfrac{-32k^2\,(m^2-2)}{(18k^2+1)\,(2k^2+1)\,x_0}$,

$y_2 - y_1 = \dfrac{-6k\,(m^2-2)}{(18k^2+1)\,x_0} + m - \dfrac{2\,(m^2-2)}{(2k^2+1)\,x_0} - m = \dfrac{-8k\,(6k^2+1)\,(m^2-2)}{(18k^2+1)\,(2k^2+1)\,x_0}$,

$\therefore k_{AB} = \dfrac{y_2-y_1}{x_2-x_1} = \dfrac{6k^2+1}{4k} = \dfrac{1}{4}\left(6k + \dfrac{1}{k}\right)$.

由 $m>0$，$x_0>0$，可知 $k>0$，$\therefore 6k + \dfrac{1}{k} \geqslant 2\sqrt{6}$，等号当且仅当 $k = \dfrac{\sqrt{6}}{6}$ 时取

得，此时 $\dfrac{m}{\sqrt{4-8m^2}} = \dfrac{\sqrt{6}}{6}$，即 $m = \dfrac{\sqrt{14}}{7}$，符号题意，$\therefore$ 直线 AB 的斜率的最小值

为 $\dfrac{\sqrt{6}}{2}$.

变式 2.2　解：（1）在 C_1，C_2 方程中，令 $y=0$，可得 $b=1$，且得 A（-1，

0），B（1，0）是上半椭圆 C_1 的左、右顶点，设 C_1 的半焦距为 c，由 $\dfrac{c}{a} = \dfrac{\sqrt{3}}{2}$ 及

$a^2 - c^2 = b^2 = 1$，解得 $a=2$，所以 $a=2$，$b=1$.

（2）由（1）知，上半椭圆 C_1 的方程为 $\dfrac{y^2}{4} + x^2 = 1$（$y\geqslant 0$），

易知直线 l 与 x 轴不重合也不垂直，设其方程为 $y = k\,(x-1)$（$k\neq 0$），

代入 C_1 的方程中，整理得 $(k^2+4)\,x^2 - 2k^2x + k^2 - 4 = 0$.

设点 P 的坐标 $(x_P$，$y_P)$，由韦达定理得 $x_P + x_B = \dfrac{2k^2}{k^2+4}$，

又 B（1，0），得 $x_P = \dfrac{k^2-4}{k^2+4}$，从而求得 $y_P = \dfrac{-8k}{k^2+4}$，

所以点 P 的坐标为 $\left(\dfrac{k^2-4}{k^2+4}, \dfrac{-8k}{k^2+4}\right)$.

同理由 $\begin{cases} y = k\,(x-1)\ (k\neq 0) \\ y = -x^2 + 1\ (y\leqslant 0) \end{cases}$，得点 Q 的坐标为 $(-k-1$，$-k^2-2k)$，

$$\therefore \overrightarrow{AP} = \frac{2k}{k^2+4}\ (k,\ 4),\ \overrightarrow{AQ} = -k\ (1,\ k+2).$$

$$\because AP \perp AQ,\ \therefore \overrightarrow{AP} \cdot \overrightarrow{AQ} = 0,\ 即\frac{-2k^2}{k^2+4}\ \big[k-4\ (k+2)\big]\ = 0.$$

$$\because k \neq 0,\ \therefore k-4\ (k+2)\ = 0,\ 解得\ k = -\frac{8}{3},\ 经检验,\ k = -\frac{8}{3}符合题意,$$

故直线 l 的方程为 $y = -\frac{8}{3}\ (x-1)$.

变式 2.3 解：(1) 设 $M\ (x_1,\ y_1)$，则由题意知 $y_1 > 0$.

当 $t = 4$ 时，椭圆 E 的方程为 $\frac{x^2}{4} + \frac{y^2}{3} = 1$，$A$ 点坐标为 $(-2,\ 0)$，

由已知及椭圆的对称性知，直线 AM 的倾斜角为 $\frac{\pi}{4}$，

因此直线 AM 的方程为 $y = x + 2$.

将 $x = y - 2$ 代入 $\frac{x^2}{4} + \frac{y^2}{3} = 1$ 得 $7y^2 - 12y = 0$，解得 $y = 0$ 或 $y = \frac{12}{7}$，所以 $y_1 = \frac{12}{7}$，所以 $\triangle AMN$ 的面积为 $S_{\triangle AMN} = \frac{1}{2}|AM|^2 = 2 \times \frac{1}{2} \times \frac{12}{7} \times \frac{12}{7} = \frac{144}{49}$.

(2) 由题意知 $t > 3$，$k > 0$，$A\ (-\sqrt{t},\ 0)$，则直线 AM 的方程为 $y = k\ (x + \sqrt{t})$，联立 $\begin{cases} \dfrac{x^2}{t} + \dfrac{y^2}{3} = 1, \\ y = k\ (x + \sqrt{t}), \end{cases}$ 并整理得 $(3 + tk^2)\ x^2 + 2t\sqrt{t}k^2x + t^2k^2 - 3t = 0$，

解得 $x = -\sqrt{t}$ 或 $x = -\dfrac{t\sqrt{t}k^2 - 3\sqrt{t}}{3 + tk^2}$，

所以 $|AM| = \sqrt{1+k^2}\left|-\dfrac{t\sqrt{t}k^2 - 3\sqrt{t}}{3 + tk^2} + \sqrt{t}\right| = \sqrt{1+k^2} \cdot \dfrac{6\sqrt{t}}{3 + tk^2}$.

由题意知 $MA \perp NA$，所以 AN 的方程为 $y = -\dfrac{1}{k}\ (x + \sqrt{t})$，

同理可得 $|AN| = \dfrac{6k\ \sqrt{t\ (1+k^2)}}{3k^2 + t}$.

由 $2|AM| = |AN|$，得 $\dfrac{2}{3 + tk^2} = \dfrac{k}{3k^2 + t}$，即 $(k^3 - 2)\ t = 3k\ (2k - 1)$. 当

$k = 3\sqrt{2}$ 时上式成立，因此 $t = \dfrac{6k^2 - 3k}{k^3 - 2}$．

因为 $t > 3$，即 $\dfrac{6k^2 - 3k}{k^3 - 2} > 3$，整理得 $\dfrac{(k^2 + 1)(k - 2)}{k^3 - 2} < 0$，

即 $\dfrac{k - 2}{k^3 - 2} < 0$，解得 $3\sqrt{2} < k < 2$．

第五节　两根不对称式问题的处理方法

变式 1.1　解：如图 $2-5-1$，设 $A(x_1, y_1)$，$B(x_2, y_2)$，由 $\overrightarrow{AP} = 3\overrightarrow{PB}$，

则 $(1 - x_1, -y_1) = 3(x_2 - 1, y_2)$，故 $\dfrac{y_1}{y_2} = -3$，

易知直线 l 的斜率不为 0．设直线 l 的方程为 $x = ty + 1$，

由 $\begin{cases} y^2 = 3x, \\ x = ty + 1, \end{cases}$ 消去 x 得 $y^2 - 3ty - 3 = 0$．

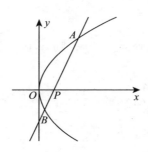

图 $2-5-1$

又 $\dfrac{y_1}{y_2} = -3$，故 $\dfrac{(-3t)^2}{-3} = -3 - \dfrac{1}{3} + 2 = -\dfrac{4}{3}$，解得 $t = \pm\dfrac{2}{3}$，

故直线 l 的方程为 $x + \dfrac{2}{3}y - 1 = 0$ 或 $x - \dfrac{2}{3}y - 1 = 0$．

变式 1.2　解：设 $A(x_1, y_1)$，$B(x_2, y_2)$，易知直线 l 的斜率为 0，设 l：
$x = ty + 1$，

由 $\overrightarrow{FB} = \lambda\overrightarrow{AF}$ 得，$(x_2 - 1, y_2) = \lambda(1 - x_1, -y_1)$，即 $y_2 = -\lambda y_1$．

联立 $\begin{cases} x = ty + 1, \\ y^2 = 4x, \end{cases}$ 消去 x 并整理得 $y^2 - 4ty - 4 = 0$.

$\because \dfrac{y_2}{y_1} = -\lambda \dfrac{16t^2}{-4} = -\lambda - \dfrac{1}{\lambda} + 2$，则 $4t^2 = \lambda + \dfrac{1}{\lambda} - 2$，$\lambda \in [4, 9]$，

解得 $t \in \left[-\dfrac{4}{3}, -\dfrac{3}{4} \right] \cup \left[\dfrac{3}{4}, \dfrac{4}{3} \right]$，

故直线 l 在 y 轴上的截距的取值范围为 $\left[-\dfrac{4}{3}, -\dfrac{3}{4} \right] \cup \left[\dfrac{3}{4}, \dfrac{4}{3} \right]$，

变式 2.1 解：（1）依题意设椭圆 E：$\dfrac{x^2}{a^2} + \dfrac{y^2}{b^2} = 1$，

则 $\begin{cases} a = 2, \\ \dfrac{1}{a^2} + \dfrac{9}{4b^2} = 1, \end{cases}$ 解得 $\begin{cases} a^2 = 4, \\ b^2 = 3, \end{cases}$ 所以椭圆 E：$\dfrac{x^2}{4} + \dfrac{y^2}{3} = 1$.

（2）设直线 l：$x = ty + 1$，$A(x_1, y_1)$，$B(x_2, y_2)$

由 $\begin{cases} \dfrac{x^2}{4} + \dfrac{y^2}{3} = 1, \\ x = ty + 1, \end{cases}$ 消去 x 整理得 $(3t^2 + 4)y^2 + 6ty - 9 = 0$，

则 $y_1 + y_2 = -\dfrac{6t}{3t^2 + 4}$，$y_1 y_2 = \dfrac{-9}{3t^2 + 4}$，则 $ty_1 y_2 = \dfrac{3}{2}(y_1 + y_2)$.

直线 AM 的方程为 $y = \dfrac{y_1}{x_1 + 2}(x + 2)$，直线 BN 的方程为 $y = \dfrac{y_2}{x_2 - 2}(x - 2)$，

由直线 AM 与直线 BN 的方程消去 y 得

$$\dfrac{x + 2}{x - 2} = \dfrac{y_2(x_1 + 2)}{y_1(x_2 - 2)} = \dfrac{y_2(ty_1 + 3)}{y_1(ty_2 - 1)} = \dfrac{ty_1 y_2 + 3y_2}{ty_1 y_2 - y_1} = \dfrac{\dfrac{3}{2}y_1 + \dfrac{9}{2}y_2}{\dfrac{1}{2}y_1 + \dfrac{3}{2}y_2} = 3,$$

解得 $x = 4$，$\therefore$ 直线 AM 与直线 BN 的交点在直线 $x = 4$ 上，故存在这样的直线.

变式 3.1 证明：如图 $2-5-2$，已知椭圆的焦点在 y 轴上，设椭圆的标准方程为 $\dfrac{y^2}{a^2} + \dfrac{x^2}{b^2} = 1$（$a > b > 0$），由已知得 $b = 1$，$c = 1$，所以 $a = \sqrt{2}$，椭圆方程为

$$\frac{y^2}{2} + x^2 = 1，$$

直线 l 垂直于 x 轴时与题意不符.

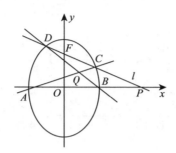

图 2 − 5 − 2

设直线 l 的方程为 $y = kx + 1$，将其代入椭圆方程化简得 $(k^2 + 2) x^2 + 2kx - 1 = 0$.

设 $C (x_1, y_1)$，$D (x_2, y_2)$，则 $x_1 + x_2 = -\dfrac{2k}{k^2 + 2}$，$x_1 x_2 = -\dfrac{1}{k^2 + 2}$，

直线 AC 的方程为 $y = \dfrac{y_1}{x_1 + 1} (x + 1)$，直线 BD 的方程为 $y = \dfrac{y_2}{x_2 - 1} (x - 1)$，

将两直线方程联立，消去 y 得 $\dfrac{x + 1}{x - 1} = \dfrac{y_2 (x_1 + 1)}{y_1 (x_2 - 1)}$.

又 $\dfrac{y_1^2}{2} + x_1^2 = 1$，则 $\dfrac{x_1 + 1}{y_1} = -\dfrac{1}{2} \dfrac{y_1}{x_1 - 1}$，故 $\dfrac{x + 1}{x - 1} = \dfrac{y_2 (x_1 + 1)}{y_1 (x_2 - 1)} = -\dfrac{1}{2} \dfrac{y_1 y_2}{(x_1 - 1) (x_2 - 1)}$.

又 $y_1 y_2 = k^2 x_1 x_2 + k (x_1 + x_2) + 1 = \dfrac{2 (1 - k) (1 + k)}{k^2 + 2}$，

$(x_1 - 1) (x_2 - 1) = x_1 x_2 - (x_1 + x_2) + 1 = \dfrac{(k + 1)^2}{k^2 + 2}$，$\therefore \dfrac{x + 1}{x - 1} = \dfrac{k - 1}{k + 1}$，

解得 $x = -k$.

因此 Q 点坐标为 $(-k, y_0)$，$\overrightarrow{OP} \cdot \overrightarrow{OQ} = \left(-\dfrac{1}{k}, 0 \right) \cdot (-k, y_0) = 1$. 故 $\overrightarrow{OP} \cdot \overrightarrow{OQ}$ 为定值.

变式 3.2 解：如图 2 – 5 – 3，设 $C(x_1, y_1)$，$D(x_2, y_2)$，

$\begin{cases} x^2 + \dfrac{y^2}{4} = 1, \\ y = kx + 1, \end{cases}$ 消去 y 整理得 $(4 + k^2) x^2 + 2kx - 3 = 0$，则 $x_1 + x_2 = -\dfrac{2k}{k^2 + 4}$，$x_1 x_2$

$= -\dfrac{3}{k^2 + 4}$. 又 $x_1^2 + \dfrac{y_1^2}{4} = 1$，则 $\dfrac{x_1 - 1}{y_1} = -\dfrac{1}{4} \dfrac{y_1}{x_1 + 1}$，

所以 $\dfrac{k_1}{k_2} = \dfrac{\dfrac{y_2}{x_2 + 1}}{\dfrac{y_1}{x_1 - 1}} = -\dfrac{1}{4} \dfrac{y_1 y_2}{(x_1 + 1)(x_2 + 1)} = -\dfrac{1}{4} \dfrac{k^2 x_1 x_2 + k(x_1 + x_2) + 1}{x_1 x_2 + x_1 + x_2 + 1} = 2$，

化简得 $\dfrac{k + 1}{k - 1} = 2$，解得 $k = 3$.

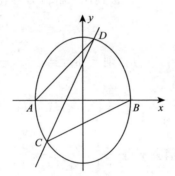

图 2 – 5 – 3

第三章 参考答案

第一节 等效判别式及其应用

变式 1.1 $\left(-\infty,\ -\dfrac{\sqrt{6}}{3}\right) \cup \left(\dfrac{\sqrt{6}}{3},\ +\infty\right)$

变式 1.2 $[4,\ 9) \cup (9,\ +\infty)$

变式 1.3 $\dfrac{15\sqrt{41}}{41}$

变式 1.4 解：由（1）可知 $c=\sqrt{5}$，又 $\dfrac{c}{a}=\dfrac{\sqrt{5}}{3}$，$\therefore a=3$，$b^2=a^2-c^2=4$，

椭圆 C 的标准方程为 $\dfrac{x^2}{9}+\dfrac{y^2}{4}=1$.

（2）设两切线为 l_1，l_2，

① 当 $l_1 \perp x$ 轴或 $l_1 /\!/ x$ 轴时，对应 $l_2 /\!/ x$ 轴或 $l_2 \perp x$ 轴，可知 $P\ (\pm 3,\ \pm 2)$.

② 当 l_1 与 x 轴不垂直且不平行时，$x_0 \neq q \pm 3$，设 l_1 的斜率为 k，则 $k \neq 0$，

l_2 的斜率为 $-\dfrac{1}{k}$，l_1 的方程为 $y-y_0=k\ (x-x_0)$，联立 $\dfrac{x^2}{9}+\dfrac{y^2}{4}=1$，

得 $(9k^2+4)\ x^2+18\ (y_0-kx_0)\ kx+9\ (y_0-kx_0)^2-36=0$，

直线与椭圆相切，所以 $\Delta=0$，则 $9\ (y_0-kx_0)^2k^2-(9k^2+4)\ [\ (y_0-kx_0)^2-4\ ]=0$，

$\therefore -36k^2+4\ [\ (y_0-kx_0)^2-4\ ]=0$，$\therefore\ (x_0^2-9)\ k^2-2x_0y_0k+y_0^2-4=0$，

$\therefore k$ 是方程 $(x_0^2-9)\ x^2-2x_0y_0x+y_0^2-4=0$ 的一个根，

同理 $-\dfrac{1}{k}$ 是方程 $(x_0^2-9)x^2-2x_0y_0x+y_0^2-4=0$ 的另一个根，

$\therefore k\cdot\left(-\dfrac{1}{k}\right)=\dfrac{y_0^2-4}{x_0^2-9}$，得 $x_0^2+y_0^2=13$，其中 $x_0\ne q\pm3$，

所以点 P 的轨迹方程为 $x^2+y^2=13$（$x\ne q\pm3$）．

因为 P（±3，±2）满足上式，综上所述，点 P 的轨迹方程为 $x^2+y^2=13$．

第二节　点差法及定比点差法的应用

变式 2.1　$\dfrac{\sqrt{2}}{2}$

变式 2.2　解：设关于直线 l：$y=4x+m$ 对称的两点 A（x_1，y_1），B（x_2，y_2），弦 AB 的中点 P（x_0，y_0），则 $k_{AB}\cdot k_{OP}=-\dfrac{3}{4}$，即 $-\dfrac{1}{4}\cdot\dfrac{y_0}{x_0}=-\dfrac{3}{4}$，则 $y_0=3x_0$．又 P（x_0，y_0）在直线 l：$y=4x+m$ 上，解得 P（$-m$，$-3m$），又因为 P（$-m$，$-3m$）在椭圆 C：$\dfrac{x^2}{4}+\dfrac{y^2}{3}=1$ 内，

则 $\dfrac{m^2}{4}+\dfrac{9m^2}{3}<1$，解得 $m\in\left(-\dfrac{2\sqrt{13}}{13}，\dfrac{2\sqrt{13}}{13}\right)$．

变式 2.3　解：设直线 AB 的方程为 $y=k$（$x+1$），A（x_1，y_1），B（x_2，y_2），

① 当 $k=0$ 时，易知点 G 的横坐标为 0；

② 当 $k\ne0$ 时，设弦 AB 的中点 P（x_0，y_0），则 $\begin{cases}k\cdot k_{OP}=-\dfrac{3}{4}，\\ y_0=k（x_0+1），\end{cases}$ 解得 $P\left(-\dfrac{2k^2}{1+2k^2}，\dfrac{k}{1+2k^2}\right)$．

故线段 AB 的垂直平分线方程为 $y-\dfrac{k}{1+2k^2}=-\dfrac{1}{k}\left(x+\dfrac{2k^2}{1+2k^2}\right)$，

因此点 G 的横坐标 $x_G = -\dfrac{k^2}{1+2k^2} = -\dfrac{1}{\dfrac{1}{k^2}+2} \in \left(-\dfrac{1}{2},\ 0\right)$.

综上所述，点 G 的横坐标的取值范围为 $\left(-\dfrac{1}{2},\ 0\right]$.

变式 4.1　解：设 $A\ (x_1,\ y_1)$，$B\ (x_2,\ y_2)$，$\overrightarrow{AP} = \lambda\overrightarrow{PB}$，则 $\dfrac{|PA|}{|PB|} = -\lambda$，

则 $\left(\dfrac{(x_1+\lambda x_2)}{(1+\lambda)},\ \dfrac{(y_1+\lambda y_2)}{(1+\lambda)}\right) = (0,\ 3)$，即 $(y_1+\lambda y_2) = 3\ (1+\lambda)$.

根据定比点差法得 $\dfrac{1}{5}\dfrac{(x_1-\lambda x_2)\ (x_1+\lambda x_2)}{(1-\lambda)\ (1+\lambda)} + \dfrac{1}{4}\dfrac{(y_1-\lambda y_2)\ (y_1+\lambda y_2)}{(1-\lambda)\ (1+\lambda)} = 1$，

得 $(y_1-\lambda y_2) = \dfrac{4}{3}\ (1-\lambda)$，故 $y_1 = \dfrac{13+5\lambda}{6} \in (-2,\ 2)$，故 λ

$\in \left(-5,\ -\dfrac{1}{5}\right)$，

因此 $\dfrac{|PA|}{|PB|} = -\lambda \in \left(\dfrac{1}{5},\ 5\right)$.

变式 4.2　解：如图 $3-2-1$，设 $A\ (x_1,\ y_1)$，$C\ (x_2,\ y_2)$，$\overrightarrow{AP} = 2\overrightarrow{PC}$，

则 $\begin{cases} \dfrac{x_1+2x_2}{1+2}=2, \\ \dfrac{y_1+2y_2}{1+2}=1, \end{cases}$ ① 故 $\begin{cases} x_2=\dfrac{6-x_1}{2}, \\ y_2=\dfrac{3-y_1}{2}. \end{cases}$ ②

利用定比点差法得：$\dfrac{1}{4}\dfrac{(x_1-2x_2)\ (x_1+2x_2)}{(1-2)\ (1+2)} + \dfrac{1}{3}\dfrac{(y_1-2y_2)\ (y_1+2y_2)}{(1-2)\ (1+2)} = 1$.

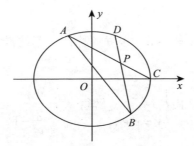

图 3 - 2 - 1

结合①、②化简得 $3x_1 + 2y_1 - 9 = 0$，即点 A 满足直线方程 $3x + 2y - 9 = 0$.

同理可得点 B 满足直线方程 $3x_1 + 2y_1 - 9 = 0$，故直线 AB 的方程为 $3x + 2y - 9 = 0$.

第三节　轮换代替及其应用

变式 1.1　A

解析：由已知 l_1 垂直于 x 轴不符合题意，所以设 l_1 的斜率为 k_1，l_2 的斜率为 k_2，由题意有 $k_1 \cdot k_2 = -1$，设 $A(x_1, y_1)$，$B(x_2, y_2)$，$D(x_3, y_3)$，$E(x_4, y_4)$，

此时直线 l_1 的方程为 $y = k_1(x-1)$，联立方程 $\begin{cases} y^2 = 4x, \\ y = k_1(x-1), \end{cases}$ 得 $k_1^2 x^2 - 2k_1^2 x - 4x + k_1^2 = 0$，

$\therefore x_1 + x_2 = -\dfrac{-2k_1^2 - 4}{k_1^2} = \dfrac{2k_1^2 + 4}{k_1^2}$，同理得 $x_3 + x_4 = \dfrac{2k_2^2 + 4}{k_2^2}$.

由抛物线定义可知 $|AB| + |DE| = x_1 + x_2 + x_3 + x_4 + 2p$

$= \dfrac{2k_1^2 + 4}{k_1^2} + \dfrac{2k_2^2 + 4}{k_2^2} + 4 = \dfrac{4}{k_1^2} + \dfrac{4}{k_2^2} + 8 \geqslant 2\sqrt{\dfrac{16}{k_1^2 k_2^2}} + 8 = 16$，

当且仅当 $k_1 = -k_2 = 1$（或 -1）时，取得等号.

变式 1.2　$\sqrt{10}$

解析：易知直线 $l: y = x + a$，根据对称性，不妨设 l 与渐近线 $y = \dfrac{b}{a}x$，$y = -\dfrac{b}{a}x$ 分别交于点 C，B，由 $\begin{cases} y = \dfrac{b}{a}x, \\ y = x + a, \end{cases}$ 解得 $x_C = \dfrac{a}{\dfrac{b}{a} - 1} = \dfrac{a^2}{b - a}$，

同理可得 $x_B = \dfrac{a}{-\dfrac{b}{a} - 1} = -\dfrac{a^2}{b + a}$.

又 $|AB| = |BC|$，故 $\dfrac{\dfrac{a^2}{b-a} - a}{2} = -\dfrac{a^2}{b+a}$，解得 $b = 3a$，故 $e = \sqrt{1 + \dfrac{b^2}{a^2}} = \sqrt{10}$.

变式 2.1 （1）解：依题意知 $\begin{cases} \dfrac{c}{a} = \dfrac{1}{2}, \\[2mm] \dfrac{1}{a^2} + \dfrac{9}{4b^2} = 1, \end{cases}$ 解得 $\begin{cases} a^2 = 4, \\ b^2 = 3. \end{cases}$

故椭圆 C 的方程为 $\dfrac{x^2}{4} + \dfrac{y^2}{3} = 1$.

（2）证明：如图 3 – 3 – 1，已知 l_1，l_2 不垂直于坐标轴，设 $l_1: x = ty + 1$，

则 $l_2: x = -\dfrac{1}{t}y + 1$.

设 $A\,(x_1,\ y_1)$，$B\,(x_2,\ y_2)$，$C\,(x_3,\ y_3)$，$D\,(x_4,\ y_4)$，

由 $\begin{cases} \dfrac{x^2}{4} + \dfrac{y^2}{3} = 1, \\ x = ty + 1 \end{cases}$ 消去 x 得 $(3t^2 + 4)\,y^2 + 6ty - 9 = 0$，则 $y_1 + y_2 = -\dfrac{6t}{3t^2 + 4}$，

故弦 AB 的中点 M 的坐标为 $\left(\dfrac{4}{3t^2 + 4},\ -\dfrac{3t}{3t^2 + 4} \right)$，

用 $-\dfrac{1}{t}$ 代替 t，同理可得 N 坐标为 $\left(\dfrac{4t^2}{3 + 4t^2},\ \dfrac{3t}{3 + 4t^2} \right)$.

根据椭圆对称性知直线 MN 所过定点必在 x 轴上，设定点的坐标为 $(x_0,\ 0)$，

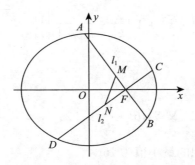

图 3 – 3 – 1

根据三点共线可得 $x_0 = \dfrac{\dfrac{4}{3t^2+4}\cdot\dfrac{3t}{3+4t^2}+\dfrac{3t}{3t^2+4}\cdot\dfrac{4t^2}{3+4t^2}}{\dfrac{3t}{3+4t^2}+\dfrac{3t}{3t^2+4}}=\dfrac{4}{7}\cdot\dfrac{(1+t^2)}{(1+t^2)}=\dfrac{4}{7}$,

故直线 MN 过定点 $\left(\dfrac{4}{7},\ 0\right)$.

变式 2.2 解：（1）依题意 $\begin{cases} m^2=\dfrac{p}{2}, \\ \dfrac{p}{2}+\dfrac{1}{4}=\sqrt{\dfrac{1}{16}+m^2}, \end{cases}$ 解得 $p=1$，故 E 的方程为

$y^2=2x$.

（2）已知直线 AO 存在斜率，设直线 AO：$y=kx$，A $(x_1,\ y_1)$，C $(x_2,\ y_2)$，

联立 $\begin{cases} (x+2)^2+y^2=4, \\ y=kx, \end{cases}$ 整理得 $(k^2+1)x^2+4x=0$，解得 $x_1=-\dfrac{4}{k^2+1}$.

联立 $\begin{cases} y^2=2x, \\ y=kx, \end{cases}$ 整理得 $k^2x^2-2x=0$，解得 $x_2=\dfrac{2}{k^2}$，则 $|AC|=\sqrt{k^2+1}$

$\left|\dfrac{2}{k^2}+\dfrac{4}{k^2+1}\right|$. 用 $-\dfrac{1}{k}$ 代替 k，同理可得 $|BD|=\sqrt{\dfrac{k^2+1}{k^2}}\left|2k^2+\dfrac{4k^2}{k^2+1}\right|$.

四边形 $ABCD$ 的面积

$$S=\frac{1}{2}|AC\|BD|\frac{1}{2}\left(\sqrt{k^2+1}\left|\dfrac{2}{k^2}+\dfrac{4}{k^2+1}\right|\right)\left(\sqrt{\dfrac{k^2+1}{k^2}}\left|2k^2+\dfrac{4k^2}{k^2+1}\right|\right)=$$

$6\dfrac{k^2+1}{|k|}+8\dfrac{|k|}{k^2+1}$.

令 $t=\dfrac{k^2+1}{|k|}$，则 $t\geqslant 2$. 又 $S=6t+\dfrac{8}{t}$ 在 $[2,\ +\infty)$ 单调递增，

故四边形 $ABCD$ 面积的最小值为 16.

第四节　坐标截距公式及其应用

变式 2.1　证明：设 $A(x_1, y_1)$，$B(x_2, y_2)$，$M(x_M, 0)$，$N(x_N, 0)$，则 $D(x_2, -y_2)$．

由坐标截距公式得 $x_M = \dfrac{x_2 y_1 - x_1 y_2}{y_1 - y_2}$，同理，用 $-y_2$ 代替 y_2，得 $x_N = \dfrac{x_2 y_1 + x_1 y_2}{y_1 + y_2}$．

因此 $|OM| \cdot |ON| = |x_M x_N| = \left| \dfrac{x_2 y_1 - x_1 y_2}{y_1 - y_2} \cdot \dfrac{x_2 y_1 + x_1 y_2}{y_1 + y_2} \right|$

$$= \left| \dfrac{(x_2 y_1)^2 - (x_1 y_2)^2}{y_1^2 - y_2^2} \right|$$

$$= \left| \dfrac{a^2 \left(1 - \dfrac{y_2^2}{b^2}\right) y_1^2 - a^2 \left(1 - \dfrac{y_1^2}{b^2}\right) y_2^2}{y_1^2 - y_2^2} \right|$$

$$= \left| \dfrac{a^2 (y_1^2 - y_2^2)}{y_1^2 - y_2^2} \right| = a^2.$$

变式 2.2　解：设 $A(x_1, y_1)$，$B(x_2, y_2)$，$C(x_3, y_3)$，$D(x_4, y_4)$，则直线 AR：$y = \dfrac{y_1}{x_1 - 1}(x - 1)$，即 $x = \dfrac{x_1 - 1}{y_1} y + 1$．

由 $\begin{cases} \dfrac{x^2}{9} + \dfrac{y^2}{5} = 1, \\ x = \dfrac{x_1 - 1}{y_1} y + 1, \end{cases}$ 消去 x 得 $\left[9 + 5\left(\dfrac{x_1 - 1}{y_1}\right)^2\right] y^2 - 10 \dfrac{x_1 - 1}{y_1} y - 40 = 0.$

则 $y_1 y_3 = \dfrac{-40}{5\left(\dfrac{x_1 - 1}{y_1}\right)^2 + 9}$，解得 $y_3 = \dfrac{4 y_1}{x_1 - 5}$，则 $x_3 = \dfrac{5 x_1 - 9}{x_1 - 5}$，

因此 $C\left(\dfrac{5 x_1 - 9}{x_1 - 5}, \dfrac{4 y_1}{x_1 - 5}\right)$，同理可得 $D\left(\dfrac{5 x_2 - 9}{x_2 - 5}, \dfrac{4 y_2}{x_2 - 5}\right)$．

所以 $k_2 = \dfrac{\dfrac{4y_2}{x_2-5} - \dfrac{4y_1}{x_1-5}}{\dfrac{5x_2-9}{x_2-5} - \dfrac{5x_1-9}{x_1-5}} = \dfrac{4(x_1y_2 - x_2y_1) - 20(y_1 - y_2)}{16(x_1 - x_2)}$.

已知直线 AB：$y = k_1(x+2)$ 与 y 的截距为 $2k_1$，故根据坐标截距公式知

$\dfrac{x_1y_2 - x_2y_1}{x_1 - x_2} = 2k_1$，

因此 $k_2 = \dfrac{4}{16}2k_1 + \dfrac{20}{16}k_1 = \dfrac{7}{4}k_1$，从而 $\dfrac{k_1}{k_2} = \dfrac{4}{7}$.

第五节　平移齐次化优化运算

变式 2.1　（1）解：依题意 $\begin{cases} \dfrac{4}{a^2} + \dfrac{1}{b^2} = 1, \\ c = \sqrt{6}, \end{cases}$ 化简得 $a^4 - 11a^2 + 24 = 0$，

解得 $a^2 = 8$ 或 $a^2 = 3$（舍去），$\therefore b^2 = a^2 - c^2 = 2$，故椭圆 C 的标准方程为 $\dfrac{x^2}{8} + \dfrac{y^2}{2} = 1$.

（2）证明：分别平移 x 轴、y 轴，建立以 $P(-2, 1)$ 为原点的直角坐标系 $x'Py'$，如图 $3-5-1$ 所示，在直角坐标系 $x'Py'$ 下，已知 $P(0, 0)$，设 $A(x_1', y_1')$，$B(x_2', y_2')$，

设直线 AB 方程为 $mx' + ny' = 1$，

易知椭圆 C 的方程为 $\dfrac{(x'-2)^2}{8} + \dfrac{(y'+1)^2}{2} = 1$，

变形得 $x'^2 + 4y'^2 - 4x' + 8y' = 0$，

由 $\begin{cases} x'^2 + 4y'^2 - 4x' + 8y' = 0, \\ mx' + ny' = 1. \end{cases}$

联立得 $x'^2 + 4y'^2 - 4x'(mx' + ny') + 8y'(mx' + ny') = 0$，

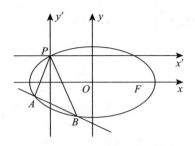

图 3 – 5 – 1

化简变形得 $(4+8n)\left(\dfrac{y'}{x'}\right)^2 + (8m-4n)\dfrac{y'}{x'} + 1 - 4m = 0$.

∵ 直线 PA 与直线 PB 的倾斜角互补，故 $k_{PA} + k_{PB} = 0$，

即 $\dfrac{y_1'}{x_1'} + \dfrac{y_2'}{x_2'} = 0$，$\therefore -\dfrac{8m-4n}{4+8n} = 0$，$\therefore -\dfrac{m}{n} = -\dfrac{1}{2}$，$\therefore$ 直线 AB 的斜率为 $k = -$

$\dfrac{1}{2}$. 易知直线在平移前后斜率不变，综上所述，直线 AB 的斜率为定值 $-\dfrac{1}{2}$.

变式 3.1　解：（1）依题意得 $\begin{cases} \dfrac{8}{3a^2} + \dfrac{1}{b^2} = 1, \\[2mm] \dfrac{c}{a} = \dfrac{1}{2}, \\[2mm] a^2 = b^2 + c^2, \end{cases}$　解得 $\begin{cases} a^2 = 4, \\[2mm] b^2 = 3, \end{cases}$

所以椭圆的方程为 $\dfrac{x^2}{4} + \dfrac{y^2}{3} = 1$.

（2）易知 $A\ (-2, 0)$，平移 y 轴，建立以 $A\ (-2, 0)$ 为原点的直角坐标系 $x'Ay'$.

在直角坐标系 $x'Ay'$ 下，已知 $A\ (0, 0)$，设 $P\ (x_1', y_1')$，$Q\ (x_2', y_2')$，

设直线 PQ 的方程为 $mx' + ny' = 1$，易知椭圆 C 的方程为 $\dfrac{(x'-2)^2}{4} + \dfrac{y'^2}{3} = 1$，

变形得 $3x'^2 + 4y'^2 - 12x' = 0$.

由 $\begin{cases} 3x'^2 + 4y'^2 - 12x' = 0, \\ mx' + ny' = 1. \end{cases}$

联立得 $3x'^2 + 4y'^2 - 12x'\ (mx' + ny')\ = 0$，

化简变形得 $4\left(\dfrac{y'}{x'}\right)^2 - 12n\dfrac{y'}{x'} + 3 - 12m = 0$,

又 $k_1 k_2 = -\dfrac{1}{4}$, 即 $\dfrac{y_1' y_2'}{x_1' x_2'} = -\dfrac{1}{4}$, $\therefore \dfrac{3-12m}{4} = -\dfrac{1}{4}$, 即 $m = \dfrac{1}{3}$.

$\therefore$ 直线 PQ 的方程为 $\dfrac{1}{3}x' + ny' = 1$ 恒过定点 $(3, 0)$,

故在原坐标系 xOy 下, 直线 PQ 过定点 $(1, 0)$.

变式3.2 (1) 解:依题意得 $\begin{cases} \dfrac{c}{a} = \dfrac{\sqrt{2}}{2}, \\ \dfrac{4}{a^2} + \dfrac{1}{b^2} = 1, \end{cases}$ 又 $a^2 = b^2 + c^2$, 解得 $\begin{cases} a^2 = 6, \\ b^2 = 3, \end{cases}$

所以椭圆的方程为 $\dfrac{x^2}{6} + \dfrac{y^2}{3} = 1$.

(2) ①当直线 AM, AN 存在斜率时, 已知 $A(2, 1)$, 分别平移 x 轴、y 轴, 建立以 $A(2, 1)$ 为原点的直角坐标系 $x'Ay'$, 在直角坐标系 $x'Ay'$下, 已知 $A(0,0)$, 设 $M(x_1', y_1')$, $N(x_2', y_2')$,

设直线 MN 的方程为 $mx' + ny' = 1$, 易知椭圆 C 的方程为 $\dfrac{(x'+2)^2}{6} + \dfrac{(y'+1)^2}{3} = 1$,

变形得 $x'^2 + 2y'^2 + 4x' + 4y' = 0$,

由 $\begin{cases} x'^2 + 2y'^2 + 4x' + 4y' = 0, \\ mx' + ny' = 1. \end{cases}$

联立得 $x'^2 + 2y'^2 + 4x'(mx' + ny') + 4y'(mx' + ny') = 0$,

化简变形得 $(2+4n)\left(\dfrac{y'}{x'}\right)^2 + (4m+4n)\dfrac{y'}{x'} + 1 + 4m = 0$,

又 $k_{AM}k_{AN} = -1$, 即 $\dfrac{y_1' y_2'}{x_1' x_2'} = -1$,

$\therefore \dfrac{1+4m}{2+4n} = -1$, 即 $m = -\dfrac{3}{4} - n$,

$\therefore$ 直线 MN 方程 $-\dfrac{3}{4}x' - 1 + n(y' - x') = 0$ 恒过定点 $\left(-\dfrac{4}{3}, -\dfrac{4}{3}\right)$, 故在

原坐标系 xOy 下，直线 MN 过定点 $P\left(\dfrac{2}{3},\ -\dfrac{1}{3}\right)$.

②当直线 AM 或 AN 不存在斜率时，根据对称性易知直线 MN：$y=-\dfrac{1}{2}x$，

过点 $P\left(\dfrac{2}{3},\ -\dfrac{1}{3}\right)$.

综上所述，直线 MN 恒过定点 $P\left(\dfrac{2}{3},\ -\dfrac{1}{3}\right)$.

又 $AD\perp MN$，D 为垂足，则 D 在以 AP 为直径的圆上，且圆心 $Q\left(\dfrac{4}{3},\ \dfrac{1}{3}\right)$.

因此存在定点 $Q\left(\dfrac{4}{3},\ \dfrac{1}{3}\right)$，使得 $|DQ|$ 为定值 $\dfrac{2\sqrt{2}}{3}$.

第四章　参考答案

第一节　斜率之积为定值的性质

变式 1.1　A

解析：依题意知 $k_{MH} \cdot k_{NH} = e^2 - 1 \in \left(-\dfrac{1}{2},\, 0 \right)$，即 $e^2 \in \left(\dfrac{1}{2},\, 1 \right)$，所以 $e \in \left(\dfrac{\sqrt{2}}{2},\, 1 \right)$.

变式 1.2　A

解析：设点 P 关于 x 轴对称的点为 P'，则 P' 与 Q 关于原点对称.

又 $k_{AP} = -k_{AP'}$，且 $k_{AP'} k_{AQ} = e^2 - 1 = -\dfrac{1}{4}$，故 $e = \dfrac{\sqrt{3}}{2}$.

变式 1.3　$\dfrac{12}{25}$

解析：由已知可得 $\cos F_1 O F_2 = 2\cos^2 \angle OBF_2 - 1 = \dfrac{7}{25}$，

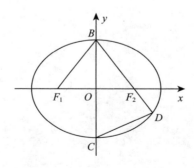

图 4 - 1 - 1

180

所以 $\cos\angle OBF_2=\dfrac{4}{5}=\dfrac{b}{a}$，所以 $\dfrac{c}{a}=\dfrac{3}{5}$．又因为 $k_{BD}=-\dfrac{b}{c}$，且 $k_{BD}\cdot k_{CD}=$

$-\dfrac{b^2}{a^2}$，则 $-\dfrac{b}{c}\cdot k_{CD}=-\dfrac{b^2}{a^2}$，所以 $k_{CD}=\dfrac{b}{a}\cdot\dfrac{c}{a}=\dfrac{4}{5}\cdot\dfrac{3}{5}=\dfrac{12}{25}$．

变式 1.4　D

解析：根据对称性，不妨设 M 在第一象限，则直线 AM，BM 的倾斜角分别

为 $\dfrac{\pi}{6}$，$\dfrac{\pi}{3}$，

则 $k_{AM}k_{BM}=\dfrac{\sqrt{3}}{3}\cdot\sqrt{3}=e^2-1$，解得 $e=\sqrt{2}$，故选 D．

变式 1.5　$\sqrt{3}$

解析：依题意知直线 AP，BP 存在斜率，且 $k_{AP}\cdot k_{BP}=\dfrac{1}{4}$，

设直线 AP：$y=k\ (x+2)$，则 BP：$y=\dfrac{1}{4k}\ (x-2)$，

则易知 $M\ (1,\ 3k)$，$N\left(1,\ -\dfrac{1}{4k}\right)$，$|MN|_{\min}=\left|3k+\dfrac{1}{4k}\right|_{\min}=\sqrt{3}$．

变式 2.1　解析：易知直线 l 平行于 x 轴，设 l：$x=ty+m$，$A\ (x_1,\ y_1)$，

$B\ (x_2,y_2)$，

因为 $OA\perp OB$，则 $k_{OA}\cdot k_{OB}=\dfrac{2p2p}{y_1y_2}=-1$，解得 $y_1y_2=-4p^2$．

由 $\begin{cases}y^2=2px,\\ x=ty+m,\end{cases}$ 消去 x 得 $y^2-2pty-2pm=0$，

则 $y_1y_2=-2pm=-4p^2$，解得 $m=2p$，故直线 l 恒过定点 $M\ (2p,\ 0)$．

又 $OD\perp DM$，则 $\overrightarrow{OD}\cdot\overrightarrow{DM}=0$，解得 $p=\dfrac{5}{4}$．

变式 2.2　解：（1）依题意得 $\begin{cases}\dfrac{8}{a^2}-\dfrac{1}{b^2}=1,\\ a^2+b^2=9,\end{cases}$ 解得 $\begin{cases}a^2=6,\\ b^2=3,\end{cases}$ 所以 C 的方程为 $\dfrac{x^2}{6}$

$-\dfrac{y^2}{3}=1$．

（2）①当直线 AM，AN 存在斜率时，已知 A（$2\sqrt{2}$，1），分别平移 x 轴、y 轴，建立以 A（$2\sqrt{2}$，1）为原点的直角坐标系 $x'Ay'$，在直角坐标系 $x'Ay'$ 下，已知 A（0，0），设 M（x'_1，y'_1），N（x'_2，y'_2），

设直线 MN 的方程为 $mx' + ny' = 1$，易知椭圆 C 的方程为 $\dfrac{(x'+2\sqrt{2})^2}{6} - \dfrac{(y'+1)^2}{3} = 1$，

变形得 $x'^2 - 2y'^2 + 4\sqrt{2}x' - 4y' = 0$，由 $\begin{cases} x'^2 - 2y'^2 + 4\sqrt{2}x' - 4y' = 0, \\ mx' + ny' = 1, \end{cases}$

联立得 $x'^2 - 2y'^2 + 4\sqrt{2}x'（mx' + ny'）- 4y'（mx' + ny'）= 0$，

化简变形得 $-（2 + 4n）\left(\dfrac{y'}{x'}\right)^2 + 4（\sqrt{2}n - m）+ 1 + 4\sqrt{2}m = 0$.

又 $k_{AM}k_{AN} = -1$，即 $\dfrac{y'_1 y'_2}{x'_1 x'_2} = -1$，$\therefore -\dfrac{1 + 4\sqrt{2}m}{2 + 4n} = -1$，即 $n = \sqrt{2}m - \dfrac{1}{4}$.

直线 MN 的方程为 $m（x' + \sqrt{2}y'）- \dfrac{1}{4}y' - 1 = 0$ 恒过定点（$4\sqrt{2}$，-4），

故在原坐标系 xOy 下，直线 MN 过定点 P（$6\sqrt{2}$，-3）.

②当直线 AM 或 AN 不存在斜率时，根据对称性易知直线 MN：$y = -\dfrac{\sqrt{2}}{4}x$ 过点 P（$6\sqrt{2}$，-3）.

综上所述，直线 MN 恒过定点 P（$6\sqrt{2}$，-3）.

又 $k_{AM}k_{AN} = -1$，即 $\dfrac{y'_1 y'_2}{x'_1 x'_2} = -1$，$\therefore -\dfrac{1 + 4\sqrt{2}m}{2 + 4n} = -1$，即 $n = \sqrt{2}m - \dfrac{1}{4}$，

直线 MN 的方程 $m（x' + \sqrt{2}y'）- \dfrac{1}{4}y' - 1 = 0$ 恒过定点（$4\sqrt{2}$，-4），

故在原坐标系 xOy 下，直线 MN 过定点 P（$6\sqrt{2}$，-3）.

（2）当直线 AM 或 AN 不存在斜率时，根据对称性易知直线 MN：$y = -\dfrac{\sqrt{2}}{4}x$ 过点 P（$6\sqrt{2}$，-3）.

综上所述，直线 MN 恒过定点 P $(6\sqrt{2}, \ -3)$.

又 $AD \perp MN$，D 为垂足，则 D 在以 AP 为直径的圆上，且圆心 Q $(4\sqrt{2}, \ -1)$，半径为 $2\sqrt{3}$，因此 $|DF| = |QF| + r = \sqrt{41 - 24\sqrt{2}} + 2\sqrt{3}$.

第二节　斜率之和为定值的性质

变式 1.1 $(2, \ -3)$

解析：设 M $(x_1, \ y_1)$，N $(x_2, \ y_2)$，直线 MN：$x = ty + m$，

则 $k_1 + k_2 = \dfrac{y_1 - 2}{x_1 - 1} + \dfrac{y_2 - 2}{x_2 - 1} = \dfrac{4}{y_1 + 2} + \dfrac{4}{y_2 + 2} = 1$，即 $y_1 y_2 - 2(y_1 + y_2) - 12 = 0$.

联立 $\begin{cases} x = ty + m, \\ y^2 = 4x, \end{cases}$ 消去 x 得 $y^2 - 4ty - 4m = 0$，

则 $y_1 + y_2 = 4t$，$y_1 y_2 = -4m$，则 $m + 2t + 3 = 0$.

因此直线 MN：$x = t(y - 2) - 3$ 恒过定点 $(2, \ -3)$.

变式 1.2 （1）解：由题意，椭圆 C：$\dfrac{x^2}{a^2} + \dfrac{y^2}{b^2} = 1$ $(a > b > 0)$ 过点 A $(0,$ $1)$，即 $\dfrac{1}{b^2} = 1$. 解得 $b = 1$. 由离心率为 $\dfrac{c}{a} = \dfrac{\sqrt{3}}{2}$，又由 $a^2 - b^2 = c^2$，解得 $a = 2$，

所求椭圆方程为 $\dfrac{x^2}{4} + y^2 = 1$.

（2）证明：当直线 MN 斜率不存在时，设 M $(t, \ s)$，则 N $(t, \ -s)$，MN 所在直线方程为 $x = t$，

则 $k_1 = \dfrac{1 - s}{-t}$，$k_2 = \dfrac{1 + s}{-t}$，所以 $k_1 + k_2 = \dfrac{1 - s}{-t} + \dfrac{1 + s}{-t} = \dfrac{2}{-t} = 2$，解得 $t = -1$.

当直线 MN 斜率存在时，设 M，N 所在直线方程为 $y = kx + m$，M $(x_1,$ $y_1)$，N $(x_2, \ y_2)$，

联立方程组 $\begin{cases} y = kx + m, \\ \dfrac{x^2}{4} + y^2 = 1, \end{cases}$ 消去 x 得 $(1 + 4k^2)\, x^2 + 8kmx + 4m^2 - 4 = 0$，

则 $x_1 + x_2 = -\dfrac{8km}{4k^2 + 1}$，$x_1 x_2 = \dfrac{4m^2 - 4}{4k^2 + 1}$，

则 $k_1 + k_2 = \dfrac{kx_1 + m - 1}{x_1} + \dfrac{kx_2 + m - 1}{x_2} = 2k + (m-1)\,\dfrac{x_1 + x_2}{x_1 x_2} = 2k - (m-1)$

$\dfrac{8km}{4m^2 - 4} = 2$，解得 $k = m + 1$.

因此直线 MN：$y = (m+1)\,x + m = m\,(x+1) + x$ 恒过定点 $(-1, -1)$.

变式 2.1 -1

解析：设 $M\,(x_1, y_1)$，$N\,(x_2, y_2)$，则 $k_{MP} + k_{NP} = \dfrac{y_1 - 2}{x_1 - 1} + \dfrac{y_2 - 2}{x_2 - 1} = \dfrac{4}{y_1 + 2} +$

$\dfrac{4}{y_2 + 2} = 0$，

即 $y_1 + y_2 = -4$，则直线 MN 的斜率 $k = \dfrac{y_1 - y_2}{x_1 - x_2} = \dfrac{4}{y_1 + y_2} = -1$，故直线 MN

的斜率为 -1.

变式 2.2 （1）解：依题意得 $\begin{cases} \dfrac{4}{a^2} + \dfrac{1}{b^2} = 1, \\ \dfrac{c}{a} = \dfrac{\sqrt{3}}{2}, \end{cases}$ 且 $a^2 = b^2 + c^2$，$a^2 = 8$，$b^2 = 2$，

故椭圆 C 的方程为 $\dfrac{x^2}{8} + \dfrac{y^2}{2} = 1$.

（2）易知直线 PA，PB 的斜率存在，且互为相反数.

设直线 PA 的方程为 $y = k\,(x - 2) - 1$，则直线 PB 的方程为 $y = -k\,(x - 2) - 1$，

则 $2x_1 = \dfrac{4\,(2k+1)^2 - 8}{1 + 4k^2}$，解得 $x_1 = \dfrac{8k^2 + 8k - 2}{4k^2 + 1}$，代入 $y = k\,(x - 2) - 1$，解

得 $y_1 = \dfrac{4k^2 - 4k - 1}{4k^2 + 1}$，

即 $P\left(\dfrac{8k^2+8k-2}{4k^2+1}, \dfrac{4k^2-4k-1}{4k^2+1}\right)$.

用 $-k$ 代替 k，可得 $Q\left(\dfrac{8k^2-8k-2}{4k^2+1}, \dfrac{4k^2+4k-1}{4k^2+1}\right)$，

故直线 AB 的斜率 $k=\dfrac{\dfrac{4k^2+4k-1}{4k^2+1}-\dfrac{4k^2-4k-1}{4k^2+1}}{\dfrac{8k^2-8k-2}{4k^2+1}-\dfrac{8k^2+8k-2}{4k^2+1}}=\dfrac{8k}{-16k}=-\dfrac{1}{2}$.

第三节　极点与极线的性质

变式 1.1　ABD

解析：易知 A（a，b）关于圆 C：$x^2+y^2=r^2$ 的极线为直线 l：$ax+by-r^2=0$，故利用点 A 与圆的位置关系可以快速判断直线与圆的位置关系.

变式 1.2　$[4, 9)\cup(9, +\infty)$

解析：将直线 $y=kx+2$ 变形得 $\dfrac{-\dfrac{9}{2}kx}{9}+\dfrac{\dfrac{m}{2}y}{m}=1$，故直线 $y=kx+2$ 关于椭圆 $\dfrac{x^2}{9}+\dfrac{y^2}{m}=1$ 的极点为 $\left(-\dfrac{9}{2}k, \dfrac{m}{2}\right)$. 又直线 $y=kx+2$ 与椭圆 $\dfrac{x^2}{9}+\dfrac{y^2}{m}=1$ 恒有公共交点，故极点 $\left(-\dfrac{9}{2}k, \dfrac{m}{2}\right)$ 在椭圆外部（包含边界），在 $\dfrac{\left(-\dfrac{9}{2}k\right)^2}{9}+\dfrac{\left(\dfrac{m}{2}\right)^2}{m}\geqslant 1$，

即 $9k^2+m\geqslant 4$，

故 m 的取值范围为 $[4, 9)\cup(9, +\infty)$.

变式 2.1　（1）解：设 $D\left(t, -\dfrac{1}{2}\right)$，$A$（$x_1$，$y_1$），则 $x_1^2=2y_1$.

∴ 切线方程为 $2tx_1-2y_1+1=0$. 设 B（x_2，y_2），同理得 $2tx_2-2y_2+1=0$.

故直线 AB 的方程为 $2tx-2y+1=0$. ∴ 直线 AB 过定点 $\left(0, \dfrac{1}{2}\right)$.

（2）证明：由（1）得直线 AB 的方程为 $y = tx + \dfrac{1}{2}$，由 $\begin{cases} y = tx + \dfrac{1}{2}, \\ y = \dfrac{x^2}{2}, \end{cases}$ 可得 x^2

$- 2tx - 1 = 0$.

于是 $x_1 + x_2 = 2t$，$x_1 x_2 = -1$，$y_1 + y_2 = t(x_1 + x_2) + 1 = 2t^2 + 1$，

$|AB| = \sqrt{1 + t^2}\, |x_1 - x_2| = \sqrt{1 + t^2} \times \sqrt{(x_1 + x_2)^2 - 4x_1 x_2} = 2(t^2 + 1)$.

设 d_1，d_2 分别为点 D，E 到直线 AB 的距离，则 $d_1 = \sqrt{t^2 + 1}$，$d_2 = \dfrac{2}{\sqrt{t^2 + 1}}$，

因此，四边形 $ADBE$ 的面积 $S = \dfrac{1}{2}|AB|(d_1 + d_2) = (t^2 + 3)\sqrt{t^2 + 1}$.

设 M 为线段 AB 的中点，则 $M\left(t,\ t^2 + \dfrac{1}{2}\right)$.

由于 $\overrightarrow{EM} \perp \overrightarrow{AB}$，而 $\overrightarrow{EM} = (t,\ t^2 - 2)$，$\overrightarrow{AB}$ 与向量 $(1,\ t)$ 平行，$\therefore t + (t^2 - 2)t = 0$，解得 $t = 0$ 或 $t = \pm 1$.

当 $t = 0$ 时，$S = 3$；当 $t = \pm 1$ 时，$S = 4\sqrt{2}$. 因此，四边形 $ADBE$ 的面积为 3 或 $4\sqrt{2}$.

变式 2.2　（1）解：由于 $c^2 = a^2 - b^2$，将 $x = -c$ 代入椭圆方程 $\dfrac{x^2}{a^2} + \dfrac{y^2}{b^2} = 1$，

得 $y = \pm\dfrac{b^2}{a}$. 由题意知 $\dfrac{2b^2}{a} = 1$，即 $a = 2b^2$. 又 $e = \dfrac{c}{a} = \dfrac{\sqrt{3}}{2}$，

$\therefore a = 2$，$b = 1$，$\therefore$ 椭圆方程为 $\dfrac{x^2}{4} + y^2 = 1$.

（2）解：由题意知：$\dfrac{\overrightarrow{PF_1} \cdot \overrightarrow{PM}}{|\overrightarrow{PF_1}||\overrightarrow{PM}|} = \dfrac{\overrightarrow{PF_2} \cdot \overrightarrow{PM}}{|\overrightarrow{PF_2}||\overrightarrow{PM}|}$，$\dfrac{\overrightarrow{PF_1} \cdot \overrightarrow{PM}}{|\overrightarrow{PF_1}|} = \dfrac{\overrightarrow{PF_2} \cdot \overrightarrow{PM}}{|\overrightarrow{PF_2}|}$，

设 $P(x_0,\ y_0)$，其中 $x_0^2 \neq 4$，将向量坐标代入并化简得 $m(4x_0^2 - 16) = 3x_0^3$

$- 12x_0$.

$\because x_0^2 \neq 4$；$\therefore m = \dfrac{3}{4}x_0$，而 $x_0 \in (-2,\ 2)$，$\therefore m \in \left(-\dfrac{3}{2},\ \dfrac{3}{2}\right)$.

（3）证明：由题意可知，已知 l 为椭圆在 P 点处的切线，设 $P(x_0,\ y_0)$，

则切线 l 的方程为 $\dfrac{x_0 x}{4} + y_0 y = 1$，$\therefore k = -\dfrac{x_0}{4y_0}$. 又 $k_1 = \dfrac{y_0}{x+\sqrt{3}}$，$k_2 = \dfrac{y_0}{x-\sqrt{3}}$，

代入 $\dfrac{1}{kk_1} + \dfrac{1}{kk_2}$ 中，得 $\dfrac{1}{kk_1} + \dfrac{1}{kk_2} = -4\left(\dfrac{x_0+\sqrt{3}}{x_0} + \dfrac{x_0-\sqrt{3}}{x_0}\right) = -8$ 为定值.

变式 2.3　解：（1）依题意，不妨设 $M(2\sqrt{a},\ a)$，$N(-2\sqrt{2},\ a)$，

C 在 $(2\sqrt{2}a,\ a)$ 处的切线方程为 $y - a = \sqrt{a}(x - 2\sqrt{a})$，即 $\sqrt{a}x - y - a = 0$.

同理 C 在 $(-2\sqrt{2}a,\ a)$ 处的切线方程为 $y - a = -\sqrt{a}(x + 2\sqrt{a})$，即

$\sqrt{a}x + y + a = 0$，故所求切线方程为 $\sqrt{a}x - y - a = 0$ 或 $\sqrt{a}x + y + a = 0$.

（2）存在符合题意的点，证明如下：

设 $P(0,\ b)$ 为符合题意的点，$M(x_1,\ y_1)$，$N(x_2,\ y_2)$，

直线 PM，PN 的斜率分别为 k_1，k_2，

$\therefore x_1 + x_2 = 4k$，$x_1 x_2 = -4a$.

$\therefore k_1 + k_2 = \dfrac{y_1 - b}{x_1} + \dfrac{y_2 - b}{x_2} = \dfrac{2kx_1x_2 + (a-b)(x_1+x_2)}{x_1x_2} = \dfrac{k(a+b)}{a}$.

当 $b = -a$ 时，有 $k_1 + k_2 = 0$，则直线 PM 的倾斜角与直线 PN 的倾斜角互补，

故 $\angle OPM = \angle OPN$，所以 $P(0,\ -a)$ 符合题意.

变式 2.4　D

解析：已知 $\odot M$：$(x-1)^2 + (y-1)^2 = 4$，所以圆心 $M(1,\ 1)$. 连接 AM，

BM，易知四边形 $S_{PAMB} = \dfrac{1}{2}|PM| \cdot |AB|$，欲使 $|PM| \cdot |AB|$ 最小，只需四边形

$PAMB$ 的面积最小，即只需 $\triangle PAM$ 的面积最小，即 $|PA|$ 最小. 又 $|PA| =$

$\sqrt{|PM|^2 - |AM|^2} = \sqrt{|PM|^2 - 4}$，所以只需直线 $2x + y + 2 = 0$ 上的动点 P 到 M

的距离最小，此时 $PM \perp l$，易求出直线 PM 的方程为 $x - 2y + 1 = 0$. 由

$\begin{cases} 2x + y + 2 = 0, \\ x - 2y + 1 = 0, \end{cases}$ 得 $\begin{cases} x = -1, \\ y = 0, \end{cases}$ 所以 $P(-1,\ 0)$. 故切点弦 AB 所在直线的方程为

$2x + y + 1 = 0$.

变式 3.1　（1）解：如图 $4-4-2$，因为点 $A(-2,\ 0)$，$B(0,\ 1)$ 都在

椭圆 M 上，所以 $a = 2$，$b = 1$，所以 $c = \sqrt{a^2 - b^2} = \sqrt{3}$，所以椭圆 M 的离心率 $e =$

$\dfrac{c}{a} = \dfrac{\sqrt{3}}{2}$.

（2）证明：解法一：由（1）知椭圆 M 的方程为 $\dfrac{x^2}{4} + y^2 = 1$，C（2，0）.

由题意知：直线 AB 的方程为 $x = 2y - 2$.

设 P（x_0，y_0）（$y_0 \neq 0$，$y_0 \neq \pm 1$），Q（$2y_Q - 2$，y_Q），S（x_S，0）.

因为 C，P，Q 三点共线，所以有 $\overrightarrow{CP} \parallel \overrightarrow{CQ}$，$\overrightarrow{CP} = (x_0 - 2, y_0)$，$\overrightarrow{CQ} = (2y_Q - 2 - 2, y_Q)$，

所以 $(x_0 - 2)y_Q = y_0(2y_Q - 4)$，所以 $y_Q = \dfrac{4y_0}{2y_0 - x_0 + 2}$，

所以 $Q\left(\dfrac{4y_0 + 2x_0 - 4}{2y_0 - x_0 + 2}, \dfrac{4y_0}{2y_0 - x_0 + 2}\right)$. 因为 B，S，P 三点共线，

所以 $\dfrac{1}{-x_S} = \dfrac{y_0 - 1}{x_0}$，即 $x_S = \dfrac{x_0}{1 - y_0}$. 所以 $S\left(\dfrac{x_0}{1 - y_0}, 0\right)$.

所以直线 QS 的方程为 $x = \dfrac{\dfrac{4y_0 + 2x_0 - 4}{2y_0 - x_0 + 2} - \dfrac{x_0}{1 - y_0}}{\dfrac{4y_0}{2y_0 - x_0 + 2}}y + \dfrac{x_0}{1 - y_0}$，

即 $x = \dfrac{x_0^2 - 4y_0^2 - 4x_0 y_0 + 8y_0 - 4}{4y_0(1 - y_0)}y + \dfrac{x_0}{1 - y_0}$.

又因为点 P 在椭圆 M 上，所以 $x_0^2 = 4 - 4y_0^2$.

所以直线 QS 的方程为 $x = \dfrac{2 - 2y_0 - x_0}{1 - y_0}(y - 1) + 2$，所以直线 QS 过定点

（2，1）.

解法二：如图 4-3-1，连接 BC，AP，设 BC 与 AP 交于点 G，则点 G 关于椭圆 M 对应的极线为直线 SQ. 又点 G 在直线 BC：$\dfrac{x}{2} + y = 1$ 上，根据配极原则知直线 SQ 过直线 BC：$\dfrac{x}{2} + y = 1$ 关于椭圆 M 的极点，又直线 BC：$\dfrac{x}{2} + y = 1$ 关于椭圆 M 的极点坐标为（2，1），故直线 QS 过定点（2，1）.

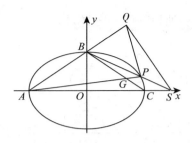

图 4 - 3 - 1

变式 3.2 （1）解：已知椭圆焦点在 y 轴上，设椭圆的标准方程为 $\dfrac{y^2}{a^2}+\dfrac{x^2}{b^2}$

$=1$（$a>b>0$），

由已知得 $b=1$，$c=1$，所以 $a=\sqrt{2}$，椭圆方程为 $\dfrac{y^2}{2}+x^2=1$，

直线 l 垂直于 x 轴时与题意不符．

设直线 l 的方程为 $y=kx+1$，将其代入椭圆方程化简得 $(k^2+2)\,x^2+2kx-$

$1=0$.

设 C（x_1，y_1），D（x_2，y_2），则 $x_1+x_2=-\dfrac{2k}{k^2+2}$，$x_1x_2=-\dfrac{1}{k^2+2}$，

$|CD|=\sqrt{k^2+1}\cdot\sqrt{(x_1+x_2)^2-4x_1x_2}=\dfrac{2\sqrt{2}\,(k^2+1)}{k^2+2}$. 由已知得 $\dfrac{2\sqrt{2}\,(k^2+1)}{k^2+2}=\dfrac{3}{2}\sqrt{2}$，

解得 $k=\pm\sqrt{2}$. 所以直线 l 的方程为 $y=\sqrt{2}x+1$ 或 $y=-\sqrt{2}x+1$.

（2）证明：解法一：直线 l 与 x 轴垂直时与题意不符．

设直线 l 的方程为 $y=kx+1$（$k\neq0$ 且 $k\neq\pm1$），

所以 P 点的坐标为 $\left(-\dfrac{1}{k}，0\right)$.

设 C（x_1，y_1），D（x_2，y_2），

由（I）知 $x_1+x_2=-\dfrac{2k}{k^2+2}$，$x_1x_2=-\dfrac{1}{k^2+2}$，

直线 AC 的方程为 $y=\dfrac{y_1}{x_1+1}\,(x+1)$，直线 BD 的方程为 $y=\dfrac{y_2}{x_2-1}\,(x-1)$，

联立两直线方程消去 y 得 $\dfrac{x+1}{x-1}=\dfrac{y_2\,(x_1+1)}{y_1\,(x_2-1)}$.

因为 $-1 < x_1$，$x_2 < 1$，所以 $\dfrac{x+1}{x-1}$ 与 $\dfrac{y_2}{y_1}$ 异号.

$$\left(\dfrac{x+1}{x-1}\right)^2 = \dfrac{y_2^2\,(x_1+1)^2}{y_1^2\,(x_2-1)^2} = \dfrac{2-2x_2^2}{2-2x_1^2}\cdot\dfrac{(x_1+1)^2}{(x_2-1)^2}$$

$$= \dfrac{(1+x_1)\,(1+x_2)}{(1-x_1)\,(1-x_2)} = \dfrac{1+\dfrac{-2k}{k^2+2}+\dfrac{-1}{k^2+2}}{1-\dfrac{-2k}{k^2+2}+\dfrac{-1}{k^2+2}} = \left(\dfrac{k-1}{k+1}\right)^2.$$

又 $y_1 y_2 = k^2 x_1 x_2 + k\,(x_1+x_2) + 1 = \dfrac{2\,(1-k)\,(1+k)}{k^2+2} = \dfrac{2\,(1+k)^2}{k^2+2}\cdot\dfrac{k-1}{k+1}$，

$\therefore \dfrac{k-1}{k+1}$ 与 $y_1 y_2$ 异号，$\dfrac{x+1}{x-1}$ 与 $\dfrac{k-1}{k+1}$ 同号，

$\therefore \dfrac{x+1}{x-1} = \dfrac{k-1}{k+1}$，解得 $x = -k$.

因此 Q 点坐标为 $(-k, y_0)$，$\overrightarrow{OP}\cdot\overrightarrow{OQ} = \left(-\dfrac{1}{k}, 0\right)\cdot(-k, y_0) = 1$，故 $\overrightarrow{OP}\cdot\overrightarrow{OQ}$ 为定值.

解法二：如图 $4-3-2$ 所示，连接 BC，AD，设 BC 与 AD 交于点 G，则点 G 关于椭圆的极线为直线 GP，设 $G\,(x_0, y_0)$，则点 G 关于椭圆的极线方程为 $\dfrac{y y_0}{2} + x x_0 = 1$，则 $P\left(\dfrac{1}{x_0}, 0\right)$，$\overrightarrow{OP}\cdot\overrightarrow{OQ} = \left(\dfrac{1}{x_0}, 0\right)\cdot(x_0, y_0) = 1.$

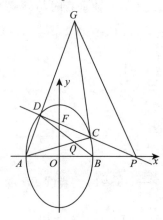

图 $4-3-2$

变式 3.3 A

解析：解法一：由椭圆的方程可知：$a^2 = 4$，所以 $a = 2$，

则 $A(-2, 0)$，$B(2, 0)$，设 $Q(x_1, y_1)$，$P(x_2, y_2)$，

设直线 PQ 的方程为 $x = my - 4$，

则 $k_{AP} = \dfrac{y_2}{x_2 + 2} = k_2$，直线 BQ 的方程为 $y = \dfrac{y_1}{x_1 - 2}(x - 2)$ ⋯①，

直线 AP 的方程为 $y = \dfrac{y_2}{x_2 + 2}(x + 2)$ ⋯②，

联立①②，解得 $x = \dfrac{2y_1(x_2 - 2) + 2y_2(x_1 + 2)}{-y_1(x_2 - 2) + y_2(x_1 + 2)}$

$$= \dfrac{2y_1(my_2 - 6) + 2y_2(my_1 - 2)}{-y_1(my_2 - 6) + y_2(my_1 - 2)}$$

$$= \dfrac{2my_1y_2 - 6y_1 - 2y_2}{3y_1 - y_2},$$

所以 $x + 4 = \dfrac{2my_1y_2 + 6y_1 - 6y_2}{3y_1 - y_2}$（＊），

联立方程 $\begin{cases} x = my - 4, \\ \dfrac{x^2}{4} + \dfrac{y^2}{2} = 1, \end{cases}$ 消去 x 化简可得 $(2 + m^2)y^2 - 8my + 12 = 0$，

所以 $y_1 + y_2 = \dfrac{8m}{2 + m^2}$，$y_1 y_2 = \dfrac{12}{2 + m^2}$，

所以 $my_1 y_2 = \dfrac{3}{2}(y_1 + y_2)$，

代入（＊）式得 $x + 4 = \dfrac{9y_1 - 3y_2}{3y_1 - y_2} = 3$，

因为 $k_1 = \dfrac{y}{x + 4}$，$k_2 = \dfrac{y}{x + 2}$，

所以 $\dfrac{k_1}{k_2} = \dfrac{x + 2}{x + 4} = 1 - \dfrac{2}{x + 4} = 1 - \dfrac{2}{3} = \dfrac{1}{3}$.

解法二：如图 4 - 3 - 3 所示，连接 AQ，BP，设 AQ 与 BP 交于点 G，则点 $M(-4, 0)$ 关于椭圆的极线为直线 GN，则 $GN: x = -1$. 设 $N(-1, y_0)$，则

$$k_{MN} = \frac{y_0}{-1+4} = \frac{y_0}{3},$$

$$k_{AP} = k_{AN} = \frac{y_0}{-1+2} = y_0, \text{ 故 } k_1 : k_2 = \frac{\frac{y_0}{3}}{y_0} = \frac{1}{3}.$$

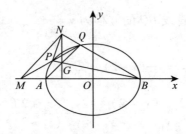

图 4 − 3 − 3